어른의 대화법

일러두기

1 이 책은 국립국어원에 등재된 맞춤법을 따르되 일부 고유명사는 붙여쓰기를
   허용했습니다.

2 이 책에 등장하는 교류분석은 교육 목적으로 사용함을 밝힙니다.

3 교류분석은 미국의 정신의학자가 세운 이론으로 교류분석에서는 ego를 '이고'로
   발음하고 쓰나 이 책에서는 독자들에게 친숙한 '에고'로 표기해 두었습니다.

어른의 대화법

상처받지 않고 상처 주지 않는
소통의 기술

엄정민 지음

지식원

커뮤니케이션에서는
말하지 않은 것을 듣는 게 중요하다.

The most important thing in
communications is hearing what isn't said.

●피터 드러커(Peter Drucker)

나의 소통 방식을
알아차리는 것이 먼저다

"사람들 앞에 서면 너무 떨리고 긴장돼요."

"말을 조리 있게 잘하고 싶어요."

"말이 장황한데 핵심만 잘 전달하고 싶어요."

"설득력 있게 말하려면 어떻게 해야 하나요?"

"말투를 고치고 싶어요."

"말을 예쁘게 하는 사람이 되고 싶어요."

"어떻게 하면 가족과 잘 소통할 수 있을까요?"

"갈등이 있을 때 화내지 않고 말하는 방법을 알고 싶어요."

"직장 상사와 즐겁게 대화하는 방법이 있을까요?"

기업 강연과 공개 특강에서 만난 분들, 교육원을 방문하시는 분들은 말하기와 소통에 관한 고민을 토로하신다. 한 온라인 특강에서는 무려 150개가 넘는 사전 질문을 받기도 했다. 어딜 가나 사람들은 '말하기 스킬'을 궁금해하고, 어떻게 하면 말을 잘할 수 있는지 방법을 알고 싶어 한다.

많은 기업과 대학에서 스피치 커뮤니케이션 강의를 진행하고, 일대일로 개인 코칭도 해드리며 그들의 변화를 봐 왔기 때문에 이런 질문에 바로 명쾌한 답변을 내놓을 수 있다. 하지만 방법만 알면 말을 잘할 수 있을 것이라는 생각은 오해다.

자신의 시간과 비용을 투자해 코칭을 받는 분들은 당장 생업과 직결된 상황에 놓여 있는 경우가 많다. 예를 들어 취업과 이직, 세일즈, 고객 응대, 입찰 경쟁 프레젠테이션, 발표, 연설과 강의, 방송 인터뷰 등에서 말로 인해 자신의 이미지가 손상되었거나 능력을 인정받지 못해 좌절한 경험이 있는 사람들이다. 이들은 원하는 결과나 성과가 나오지 않아 불안과 위기의식을 느꼈고, 사람들 앞에서 자신의 생각을 논리 정연하면서 좀 더 당당하고 자신 있게 말하길 원했다. 말하기 스킬을 빠르게 배워 실전에 발휘하고 싶은 마음은 충분히 공감하지만 관계와 소통의 본질이 빠진 채 '스킬 트레이닝'만을 반복하는 것은 실생활에 크게 적용이 안 된다.

나는 역으로 질문을 한다. "왜 말을 잘하고 싶으세요?" "말을 잘한다는 것이 어떤 의미인가요?" "지금처럼 말했을 때 상대가 어느 정도 이해했을 것 같나요?" "어떨 때 소통이 안 된다고 느끼시나요?" "그때 느꼈던 당신의 감정은 무엇이었나요?" "상대의 상황이나 기분은 어떠했나요?" "상대가 어떻게 말해줬으면 좋겠어요?" "어떤 방식으로 요청했을 때 상대가 받아줄까요?" 누군가와 대화를 나누는 것, 많은 사람 앞에서 스피치를 하는 것은 근본적으로 내가 상대와 어떤 관계를 맺고 어떻게 소통할 것인지에 대한 선택의 문제이다.

말 잘하는 스킬을 알려주는 책은 무수히 많다. 온라인서점에서 '말하기' '스피치'라는 키워드를 검색해 보면 무려 천 권이 넘는 책이 나온다. '화술' '언어' '대화' '목소리' 등 유사 키워드를 입력하면 훨씬 더 많은 책이 검색된다. 나는 말하기는 '지식'이 아니라 '기술'이라고 생각한다. 그래서 '공부'가 아니라 '훈련'을 해야 한다고 항상 강조한다. 지식은 공부를 하면 '몰랐던 것을 알게' 되지만, 기술은 훈련을 하면 '못했던 것을 하게' 된다. 그래서 말하기는 예체능과 같이 몸으로 익히는 기술의 영역이다. 하지만 무작정 말 잘하는 기술만 배워서는 말을 잘할 수 없다. 책은 차고 넘치는데 우리의 말이 제자리걸음인 이유이다.

지금과는 다른 방식으로 말하고 소통하려면 나의 말 습관을 점검하고, 그 이면에 나라는 사람의 소통 방식을 먼저 알아차려야 한다. 어떠한 상황(목적, 목표, 환경 등)에서 말을 하는지, 대상은 누구인지, 그들과 나의 관계는 어떠한지, 어떤 방식으로 소통하는지, 말하는 자신과 상대의 상태는 어떠한지 등을 스스로 묻고 답하면 대상과 상황에 대한 메타인지가 높아진다.

미국 발달심리학자인 존 플라벨J. H. Flavell은 1976년 처음으로 '메타인지'라는 용어를 사용하면서 인간의 인지 능력 중 메타인지 발달이 가장 중요하다고 강조했다. 인지Cognition는 어떠한 사실을 분명하게 인식하여 안다는 뜻이고 메타인지MetaCognition는 인지에서 한 걸음 더 나아가 자신의 인지 과정을 한 차원 높은 시각에서 관찰하고, 발견하고, 통제하는 정신 작용이다. 쉽게 말해 자신이 무엇을 알고 무엇을 모르는지 아는 것을 뜻한다.

미국 콜롬비아대학 심리학과 리사 손Lisa Son 교수는 "메타인지 능력은 학습하며 스스로 모르는 것이 무엇인지를 알아 가는 데 있다."고 말했다. 그래서 메타인지가 높은 사람은 소통을 할 때도 자신이 잘 모르는 상황이나 상대의 모습에 대해 함부로 말하거나 지레짐작하여 오해를 하지 않는다. 또 사실과 판단을 구분하여 말한다. 수천 년 전 고대 그리스 철학자 소크라테스는 사람들의 무지를 일깨워 주기 위해 문답의 방법으로 사상을 전파했는데 이것이 메타인지를 강화시키는 훈련이다. "너 자신을 알라."라는 유명한 어록은 메타인지에 대한 선현의 가르침인 셈이다. 자신을 모르고, 상대를 모르고, 상황을 모르는 상태에서 원활한 소통을 기대한다는 것은 어불성설이다.

특히 나는 교류분석Transactional Analysis, TA을 활용해 자기 자신과 상대의 자아상태를 인지할 수 있도록 도우며, 상대와 올바르게 관계 맺고 상황을 다스릴 수 있는 메타인지와 대응력을 높여 주고 있다.

대화뿐만 아니라 대중 스피치도 말을 하는 사람(화자)과 듣는 사람(청자) 간의 관계와 상황을 이해해야 '일방적인 스피치'가 되는 걸 막을 수 있다. 스피치를 하는 발표자는 자신의 생각, 감정, 행동을 자각하고 청중의 반응을 살피며 자신의 상태와 행동을 바꿔 나갈 수 있는 내적인 힘이 필요하다.

따라서 이 책에서는 말하기 스킬보다 말과 소통의 근본이 되는 내적인 힘의 이야기와 교류분석 이론과 실제로 연습해 볼 수 있는 예시를 수록했다. 이것들을 통해 내적인 힘을 기르고 외적인 말하기 훈련 과정을 거치면 비로소 자신의 의사 표현을 명확히 전달하고 상대와 유연하게 소통할 수 있을 것이다.

인간은 말로 소통을 하고 소통은 사람이 한다. 소통의 핵심은 나와 내가 소통하는 대상에 대한 본질적 이해에 있다. 그리고 존중과 인정이 수반되어야 소통이 가능하다. 그런 다음에 상황과 상대에 맞는 적절한 말을 할 수 있어야 한다. 이러한 노력과 나의 말 습관을 갈고 다듬는 시간을 통해 진정으로 말이 변화되고 소통의 물꼬가 트이길 기대해 본다.

교류분석은 정신의학자이자 정신 분석가인 에릭 번^{Eric} ^{Berne}이 창시한 이론이다. 이것은 인간의 의사소통과 행동 방식에 관한 체계적인 성격이론으로 인간관계가 존재하는 모든 상황에 적용시킬 수 있다.

이 이론에는 사람의 성격을 '부모' '어른' '아이' 자아의 세 부분으로 나눠 구조분석하는 'PAC자아상태'와 '교류패턴', 인정의 표시인 어루만짐의 '스트로크' 그 외 인생 각본, 심리 게임, 시간의 구조화, 인생 태도 등의 주요 개념이 들어 있다.

이 책에서는 교류분석의 가장 기본적인 개념인 'PAC자아상태'와 '교류패턴' '스트로크'를 다루고 그것이 실제 말하기와 커뮤니케이션에 어떻게 적용되는지 풀어 썼다. 그리고 일상에서 빈번히 발생하는 갈등과 스트레스 상황 등을 사례로 들어 교류분석을 더 쉽게 이해하고 실생활에 활용할 수 있도록 도왔다.

이 책은 단순히 지식 습득을 위한 것이 아니라 '말과 소통에 대한 의식을 높이고, 삶을 변화시킬 수 있는 소통 방식을 학습하길 바라는 마음'으로 썼다. 우리가 일상에서 흔히 겪는 소통 사례도 다양하게 수록했다. 이것이 독자의 공감을 얻고 자신을 변화시키고자 하는 강한 촉매제가 되었으면 한다.

학습^{學習}이란 말은 '배우다, 공부하다.'의 뜻인 학^{學}과 '익히다, 익숙하다.'의 뜻인 습^{習}으로 이루어져 있다. 학습의 의미처럼 공부하고 배웠다면 익숙할 때까지 익혀야 내 것이 된다. 이 책도 읽는 것으로 그치지 않고 계속 연습하고 실생활에 적용했을 때 빛을 발할 것이다. 이제부터 반사적으로 튀어나오던 충동적인 말과 행동에서 벗어나 자신의 자아상태를 알아차리고 상황에 따라 적절하게 조절하여 이전과 다른 말과 행동을 내 삶에 적용한다면, 자제력과 주체성을 지닌 사람으로 거듭나면서 갈등과 스트레스는 해소되고 인간관계는 개선될 것이다. 분명 이전과 다른 변화된 삶을 경험할 수 있다고 확신한다. 이 책의 마지막 장을 덮는 순간, 분명 당신은 자신을 아프고 힘들게 한 과거의 일들과 현재의 상황들을 현명하고 지혜롭게 풀어나갈 새로운 해답을 얻게 될 것이다.

그동안 누군가의 말 때문에 상처받고 좌절했다면, 혹은 내 말이 누군가에게 상처를 주고 힘들게 했다면, 준비되지 않은 서툰 말 때문에 사회에서 인정받지 못했다면 이제부터 소통 방식과 말 습관을 바꿔 보자.

교류분석을 만나 나 자신을 깨닫고 변화시키기 전까지는 나 역시 서툴고 부족한 사람이었다. 부디 이 책을 선택한 독자들은 내가 겪었던 시행착오를 줄이고 더 나은 말로 서로 열린 소통의 기쁨을 누렸으면 좋겠다. 나아가 지금부터 변화될 새로운 삶을 선택하고 자신의 존재 가치를 스스로 높이며 각자 소망하는 꿈을 이루었으면 하는 바람이다.

마지막으로 삶의 희로애락을 함께 하며 이 세상에 내가 혼자가 아님을 느끼게 해 준 사랑하는 가족과 이 글이 세상에 나올 수 있도록 진심으로 응원하고 지지해 준 친구들, 서로의 자양분이 되어 함께 성장해 온 동료 지인들 그리고 인생의 멘토이자 학문적 스승이 되어 주신 많은 선생님께 감사드린다. 삶의 행복과 기쁨을 알게 해 준 인생 선배님들과 후배들에게도 감사의 마음을 전한다. 여전히 부족한 사람이지만 내가 관계 맺는 많은 사람과 건강한 소통을 하기 위해 나 자신뿐만 아니라 소중한 사람을 감싸 주고 지켜줄 수 있는 성숙한 인간으로 성장하리라 다짐한다. 그리고 이 책을 통해 독자분들의 삶이 한층 더 행복하고 풍성해지길 진심으로 바라며 모든 분께 감사한 마음을 전한다.

임 정 민

차례

PART 4.

관계의 변화를 만드는
실전 소통법

부록
성격 유형별 말하기 훈련 대본

epilogue.

한 사람의 열 걸음보다
열 사람의 한 걸음으로

우리의
말은

PART 1

왜
제자리걸음일까?

다름이
문제가 아니다

　　강남에서 미팅이 있던 날이다. 약속된 시간보다 일찍 미팅 장소에 도착한 나는 한 대형 서점에 들어가 책을 구경했다. 신간 코너에서 새로 살 책들을 잠시 살펴보고 있는데 옆에 있는 사람들의 이야기가 내 귀를 끌었다. 친구 사이로 보이는 두 사람이 대화를 나누는데 서로에 대해 이해 못하는 말들이 오고 갔다.

A ──── 나는 사람들이 자기계발서를 왜 읽는지 모르겠어.

B ──── 한번씩 보면 도움도 되고 뭔가 다시 열심히 해야겠다는 의지

도 생기고 그래~

A ——— 제목은 그럴싸하지만 막상 읽어 보면 뻔한 소리를 하는데 그
게 무슨 도움이 되는지…….

B ——— ……넌 주식하려고? 요새 정말 개미 열풍이던데, 너 그러다
있는 돈까지 다 날려!

A ——— 뭐 당연히 리스크도 있겠지만 요즘 같은 저금리 시대에 나도
뭔가는 해야지.

B ——— 지난번에는 부동산에 관심 가지더니…… 할 거면 하나만 좀
진득하게 해!

대화를 끝낸 두 친구 주위로 냉랭한 기운이 감돌았다. 그
렇다고 심하게 말싸움을 한 건 아니다. 하지만 A는 자기계발서
에 대한 자신의 선입견에 막혀 친구의 취향을 배려하지 않았
고, B는 재테크 공부를 하려는 A의 의지를 꺾어 버리고 꾸준하
지 못한 태도를 비난했다. 서로 가지고 있는 생각과 취향이 다
를 뿐인데 자신의 의견을 앞세우며 상대를 존중하지 않는 말들
은 기분을 상하게 하고 우리의 관계를 멀어지게 한다.

나는 집으로 돌아와 서점에서 산 책들을 책장에 꽂았다.
우리 집 거실에는 소파를 중심으로 양쪽에 책장이 각각 한 개
씩 놓여 있다. 왼쪽은 내 책장이고 오른쪽은 남편 것이다. 누군
가 이 책장을 본다면 우리의 취향이 무척 다르다는 사실을 단
번에 알아차릴 수 있을 만큼 비슷한 점이라곤 찾아볼 수 없다.

내 책장에는 인문 고전문학과 실용서적이 많고, 작은 액자와 방향제 정도만 있을 뿐 별다른 소품이 없는 데 반해 남편 책장에는 주로 역사책과 판타지 소설이 꽂혀 있고 레고와 피규어, 좋아하는 영화와 드라마의 블루레이 디스크가 가득하다. 나는 문과를 나온 외향적인 성격이고 남편은 이과를 나온 내향적인 성격의 사람이다. 이렇게도 다른 우리가 한집에 같이 살고 있다는 것이 문득 놀랍고 신기할 때가 있다. 사람들의 고정관념처럼 성향이 다른 사람끼리는 늘 다투고 싸우는 걸까?

다르기 때문에 싸우기도 하지만 다르기 때문에 상호 보완이 되기도 한다는 사실을 우리는 경험적으로 알고 있다. 다름이 문제가 아니라 그 다름을 대하는 소통 방식 때문에 부딪히고 싸우는 일이 많다. 하지만 사람들은 상대방이 나와 너무 달라서, 내 마음 같지 않아서 소통이 어렵다고 이야기한다. 그렇다면 이 세상에 나와 똑같은 사람이 있을까?

우리는 각자 살아온 환경과 문화가 다르고, 같은 경험을 했더라도 다르게 느끼고 해석하기 때문에 모두가 다른 인격체이다. 하물며 같은 연월일시年月日時에 한 배 속에서 나온 쌍둥이조차도 외모만 비슷할 뿐 성격과 취향이 다르지 않던가. 생리학적인 관점에서도 전 세계 사람 중에 나와 같은 사람은 단 한 명도 없다. 체코의 생리학자인 J. E. 푸르키네J. E. Purkyne는 지두指頭의 촉각에 대한 연구논문에서 지문은 평생 불변하고 만인이

Just because you are right, doesn't mean I'm wrong.
You just haven't seen life from my side.

**당신이 옳다는 사실이
내가 틀렸다는 것을 의미하지는 않아요.
서로의 관점이 다를 뿐입니다.**

같지 않다고 밝혔다. 성문聲門 역시 사람마다 입, 성대, 목구멍 등의 구조가 다르기 때문에 목소리가 내는 에너지의 주파수 분포를 분석해서 그림 형식으로 표시하면 마치 지문처럼 목소리로 사람을 구분할 수 있다고 한다. 그래서 성문을 '목소리의 지문'이라고 부른다. 이처럼 지문과 성문은 지금까지도 개인 식별 수단과 범죄 수사에서 주요 증거로 활용되고 있다. 결국 나와 똑같은 사람은 이 세상에 존재하지 않는다. 그러니 다름은 당연한 것이고, 내 마음 같지 않은 것도 당연한 것이다. 애초에 상대가 내 마음 같을 수 없다는 사실을 인정하고 받아들이는 게 마음이 편할 것이다.

두 사람 사이에 숫자 6이 놓여 있다. 왼쪽 사람은 이 숫자를 '6'으로 보았고, 오른쪽 사람은 이 숫자를 '9'로 보았다. 이 상황을 봤을 때 누구 한 사람이 틀렸다고 말할 수 없다. 서로의 관점에서 다르게 봤을 뿐이다. 그렇기 때문에 '내가 옳고 네가 틀리다.'고 섣불리 생각해서는 안 된다. 우리가 한 가지 더 유념해야 할 것은 사람의 생각과 의견은 숫자처럼 명확하게 규정지을 수 없다는 점이다. 수학 문제를 잘못 풀면 틀렸다고 말할 수 있지만 어떤 사람의 의견에 대해서는 틀렸다고 말할 수 없다. 사람의 생각은 다 다르고 모든 의견은 존중되어야 한다는 사실을 기억하자.

다름이 문제가 아니다. 그 다름을 대하는 소통 방식을 바꿔 보자. 다름에서 오는 차이로 다툼의 소지가 생기는 것은 불가피하지만 이전과 다르게 말하고 소통한다면 그 다름이 좋은 방향으로 우리의 일과 관계를 이끌어 줄 것이다.

치우침은
소통을 가로막는다

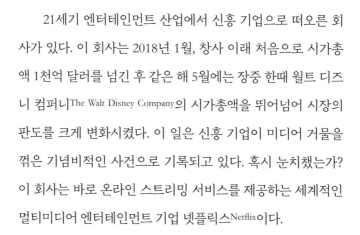

21세기 엔터테인먼트 산업에서 신흥 기업으로 떠오른 회사가 있다. 이 회사는 2018년 1월, 창사 이래 처음으로 시가총액 1천억 달러를 넘긴 후 같은 해 5월에는 장중 한때 월트 디즈니 컴퍼니The Walt Disney Company의 시가총액을 뛰어넘어 시장의 판도를 크게 변화시켰다. 이 일은 신흥 기업이 미디어 거물을 꺾은 기념비적인 사건으로 기록되고 있다. 혹시 눈치챘는가? 이 회사는 바로 온라인 스트리밍 서비스를 제공하는 세계적인 멀티미디어 엔터테인먼트 기업 넷플릭스Netflix이다.

지금 이 책을 읽는 독자 중 상당수도 이 스트리밍 서비스를 이용하고 있을 것이다. 2018년 기준 넷플릭스는 미국, 유럽에서 온라인 동영상 시장 점유율 1위를 달성했고, 2019년 기준 전 세계 동영상 스트리밍 서비스 시장 중 30퍼센트의 점유율을 차지했다. 미국 내 프라임 타임Prime Time(라디오나 텔레비전에서 시청률이 가장 높은 시간대) 인터넷 트래픽의 3분의 1을 넷플릭스가 사용하고 있다는 CNN 보도가 있을 정도로 방송산업의 역사를 새로 쓰고 있다. COVID-19(코로나바이러스감염증-19) 팬데믹으로 전 세계 사람들이 외출을 자제하고 집에 머무는 시간이 늘면서 또 한 번 넷플릭스의 이용자 수는 급증했다. 전 세계 가입자 수는 2021년 6월 기준 2억 9백만 명에 달한다. 그렇다면 넷플릭스의 성공 요인은 무엇일까? 바로 개인의 성향(성격과 취향)에 맞춰 콘텐츠를 추천하는 '개인화 전략'이 크게 작용했다고 전문가들은 분석한다.

넷플릭스는 콘텐츠 장르를 7만 6천 개로 세분화하고 고객 선호도를 2천 개 유형으로 분류해 개인의 성향에 맞춰 콘텐츠를 추천해 준다. 그 결과 추천된 콘텐츠와 그렇지 않은 일반 콘텐츠 사이에는 두 배 정도의 전환율 차이가 발생했다. 지난 2년간 넷플릭스 이용자가 시청한 콘텐츠의 80퍼센트 이상이 추천 엔진이 제공한 콘텐츠였다고 한다.

최근에는 다양한 서비스에서 사용자의 선호도나 감정까지 분석하는 딥 러닝Deep Learning 기술을 도입하는 등 초개인화 서비스를 제공하고 있다. 국내에서는 KT의 OTT 서비스인 '시

즌Seezn'이 사용자의 표정을 분석해 기쁨, 슬픔, 화남 등 기분에 맞는 최적의 콘텐츠를 추천하는 서비스를 선보일 거라고 한다. 우리가 사는 이 시대가 개인화, 초개인화 중심 사회로 빠르게 바뀌고 있음을 알려 주는 대목이다.

이러한 시대 변화가 과연 소통과 무슨 상관이 있을까? 대한민국 직장인을 대상으로 한 '여가 트렌드 관련 빅데이터 분석 보고서'에 따르면 사람들은 동호회나 모임처럼 같은 관심과 목적을 공유하는 취향 공동체 중심의 인간관계를 선호하는 것으로 나타났다.[1] 다시 말해 넷플릭스나 유튜브의 콘텐츠를 소비할 때뿐만 아니라 인간관계에서도 개인의 취향이 크게 작용하고 있다는 것이다. 잠시 생각을 해 보자. 내가 자주 만나서 대화를 나누고 소통하는 사람은 누구인가? 같이 있을 때 편안함을 느끼는 사람은 누구인가? 우리의 공통된 관심사나 취향은 무엇인가? 아마 머릿속에 떠오르는 사람이 있을 것이다.

공통된 관심사나 취향을 기반으로 사람들과 관계를 맺고 소통하는 것은 우리 삶에서 매우 즐거운 일이다. 더 마음이 가고 편한 사람과 함께 하고 싶은 것은 인지상정이다. 다만 초개인화 중심 사회로 빠르게 나아가는 시점에서 같은 관심사와 비슷한 성향을 가진 사람들로만 인간관계가 치우친다면 다른 부류의 사람들에게는 거부감이나 불편함을 느끼게 되고 대화할 때 여러 가지 어려움을 겪게 될 수 있다. '비슷한 것에 안정감을 느낀다.'를 반대로 말하면 '다른 것에 불안함이나 불편함을 느낀다.'와 상통한다. 그래서 우리는 집단의식 속에서 정서적 안정감을 유지함과 동시에 다양성과 자유로움을 중시하는 열린 사고가 필요하다.

현실적으로 사회에서는 내가 선호하는 사람들만 선택해서 만날 수 없다. 그리고 나와 잘 맞는 사람보다 맞지 않는 사람을 더 많이 만나게 된다. 익숙하지 않고 불편한 관계에서도 원활한 소통을 할 수 있으려면 나의 관심사와 취향, 나 자신을 중요하게 생각하는 만큼 타인을 이해하고 존중하려는 노력을 끊임없이 해야 한다. '저 사람은 도대체 왜 저러는 거야?'라며 도무지 이해할 수 없는 상황이 생길지라도 '저 사람은 저렇구나~' 하고 생각을 전환할 수 있다면 상대와의 간극을 좁힐 수 있다. 타인을 이해하는 것은 무척이나 힘든 일이다. 설사 이해되지 않아도 이해하려고 노력하는 자세가 중요하다. 다만 그것은 '상대를 존중했을 때' 가능한 일이다.

'아웃 오브 안중'이라는 말을 아는가? 'Out of 안중眼中' 즉 '내 눈 밖에 나다.' '전혀 관심 없다.' '신경 쓰지 않는다.'는 뜻이다. 인간관계에 있어 상대에 대한 무관심과 무지는 소통의 장애가 된다. 같은 회사에 다니면서 서로에 대해 아는 것이 없거나 한집에 사는 가족이더라도 서로에게 관심이 없다면 어떻게 소통이 잘 될 수 있겠는가. 얼마나 서로의 생각과 경험을 공유했는가, 얼마나 서로의 기쁨과 아픔에 반응했는가, 얼마나 서로의 고민과 성장에 관심을 갖는지가 관계의 질을 결정한다.

앞서 이야기한 초개인화 서비스도 이용자들의 '필터 버블 Filter Bubble'이 발생할 수 있다는 우려의 목소리가 있다. 필터 버블이란 고객에게 맞춤형 정보만을 제공해 이들 개개인을 자신의 관심사와 비슷한 환경 속에 가두는 현상을 말한다. 필터링을 거친 추천 정보만이 사용자에게 제공되기 때문에 사용자의 관심사에서 벗어난 다른 정보들은 놓칠 수 있다는 것이다. 스탠퍼드대 경제학과 교수인 매슈 O. 잭슨Matthew O. Jackson은 "우리는 점점 더 연결되고 있지만 동시에 분열되고 있다."고 말한다. 그러면서 "우리는 예전보다 더 많은 사람과 소통할 수 있지만 나이, 경제적 수준, 교육 수준, 젠더, 신념이나 의견이 비슷한 사람들과 어울리려는 성향이 있다."고 이야기한다.[2] 이것을 '동종선호homophily'라고 한다.

나와 비슷한 집단과 어울리고 그 밖의 집단과는 구별 짓는 현상을 조사한 흥미로운 연구가 있다. 미국 고등학교에서 인종에 따라 친구 관계가 어떻게 나뉘는지 알아보았는데 그 결과 매우 가까운 친구, 즉 일주일에 적어도 세 번 이상 함께 만나는 친구는 같은 인종일 가능성이 서로 다른 인종일 때보다 15배나 높은 것으로 나타났다. 잭슨 교수는 이러한 사소한 편향이 만들어 내는 불평등, 불균형, 양극화와 같은 연쇄적인 파급 효과에서 동종선호의 심각성이 있다고 보았다.

내가 비슷한 집단에만 머무르며 관계를 맺는다면 관심사와 취향이 다른 사람의 생각과 의견을 접할 기회를 놓치게 되고 이런 일이 반복될 때 점점 더 그것들을 수용하기 어려워진다. 내 견해와 다른 사람에게 불편함을 느끼고 경계하며 갈등이 불거졌을 때 화를 내고 발끈하는 것이 그에 따른 부작용이다. 어떠한 일이든 의식적으로 관심을 갖고 이해하려고 노력하는 태도는 상대와 소통을 하기 위한 적극적인 의지 표현이다.

각기 다른 개개인이 서로를 이해하고 존중하지 않은 채 자기 생각을 고집하고 감정을 앞세우며 자기 방식대로 행동한다면 갈등과 다툼은 예정된 수순을 밟을 수밖에 없다. COVID-19 팬데믹으로 인해 사람들이 집에 머무르는 시간이 늘면서 가족과 부딪치는 일이 많아진 것도 이와 무관하지 않다고 본다. 팬데믹 전에는 학교와 회사 등 주로 밖에서 많은 시간을 보내고 가족이 모두 함께 집에 머물며 소통하는 시간이 많지 않았다. 하지만 한 공간에 함께 있는 시간이 늘어나면서 서로의 성향이 더욱 도드라지게 나타나고 그것들이 충돌해 갈등이 불거졌다. 갈등은 사랑하는 가족 사이에도 빈번히 발생되는 사회적 현상이며 늘 진지하게 고민하고 풀어 가야 할 평생의 숙제이다.

우리의 일상은
작은 기쁨과 우연한 만남으로
가득차 있다.

●신영복

비대면은
오해와 실수를 부른다

최근 어느 맘카페에서 아이의 담임 선생님과 소통이 어렵다며 하소연하는 게시글을 읽은 적이 있다. 작성자는 아이의 담임 선생님이 남자라서 더욱 그런 것 같다고 답답한 마음을 드러냈다. 이 게시글에는 '요샌 대부분 선생님이 퇴근하면 핸드폰을 안 보는 것 같다.' '아마 출근하면 업무용 핸드폰으로 온 메시지를 확인한 후 답장하는 것 같다.' '여자 선생님도 똑같다. 휴대폰 번호도 비밀이다.'라는 댓글들이 달렸다. 이 글을 보면서 엄마들의 답답함과 선생님들의 갑갑함이 동시에 느껴졌다.

카카오톡(이하 카톡)은 2010년 유료 문자서비스 대신 무료로 메시지를 주고받을 수 있는 이점을 내세워 출시 6개월 만에

> **학부모맘 수다방 >**
>
> ## 정말 속상하네요
>
> **작성자 : 익명**
> 2022. 00.00. 13:53   💬 댓글 5   URL 복사   ⋮
>
> ---
>
> 담임 선생님이 반 엄마들에게 소통을 하자며 궁금하거나 급한 일 있으면
> 카톡으로 문의하랬는데 카톡으로 물어봐도 깜깜무소식이네요.
> 물론 하루 지나면 답을 주시곤 하는데 답답해요.
> 이게 소통인가요?
>
> ♡ 좋아요 3   💬 댓글 5

가입자 1백만 명, 1년 만에 가입자 1천만 명을 기록하며 폭발적인 반응을 얻었다. 지금은 메시지 수신 여부를 즉각 확인할 수 있고, 상대와 실시간으로 빠르게 소통할 수 있어 우리나라 국민 대다수가 이용하는 '국민 앱'이 되었다.

그런데 이제는 카톡 때문에 힘들다는 목소리가 나오고 있다. 메시지를 보내는 사람이나 받는 사람 편에서 편리한 건 사실이지만 쉴 새 없이 카톡을 주고받다 보니 24시간 묶여 있는 족쇄가 아닐 수 없다. 출퇴근 중에도 카톡으로 업무 지시를 받고 가족이나 친구들과 즐거운 주말을 보낼 때도 업무용 카톡이 이어진다면 기분이 어떨까? 실제로 시간과 장소를 가리지 않

033

는 업무 카톡 때문에 직장인의 60퍼센트가 스트레스에 시달린 다는 기사도 있다.[3]

카톡 외에 라인, 텔레그램 등의 온라인 메신저와 페이스 북, 인스타그램, 유튜브, 블로그 같은 SNS 채널이 늘면서 대면 소통부터 비대면 디지털 소통까지 우리는 전보다 훨씬 더 많은 소통을 하며 살고 있다.

상사와 회사를 욕하는 메시지를 친구가 아닌 당사자에게 잘못 보낸 불상사가 자주 발생하면서 카톡에는 '보낸 메시지 삭제' 기능이 추가되기도 했다.

나의 경우, 내 SNS에 댓글이 달리면 한 번 확인한 후 짧게 는 30분, 길게는 하루 뒤에 답을 하는 편이다. 상대의 마음을 나 의 판단이나 오해 없이 오롯이 느끼고 또 그에 대한 내 마음을 온전히 전하고 싶기 때문이다. 말은 의도가 어긋나거나 오해가 생기지 않도록 신중하게 생각하고 정제된 단어와 문장으로 뱉 어야 하며 '빠르게'가 아니라 '바르게' 말해야 함을 기억했으면 좋겠다.

맘카페의 이야기로 다시 돌아가 보자. 게시글을 올린 아이 의 엄마는 담임 선생님이 퇴근하면 핸드폰을 보지 않고 하루 지 나서 답을 준다고 했다. 담임 선생님은 자신의 일상을 지키기 위해 기준을 세웠을 것이다. 하지만 이렇게 일방적으로 소통을

디지털 속도에 내 마음을 맞추기 전에
잠시 멈추어 생각하는 여유가
말실수를 막아 준다.

단절하면 엄마들의 마음만 답답하게 할 뿐이다. 사생활을 보호받으면서 엄마들의 원성을 사지 않도록 이렇게 말했으면 어땠을까?

어머님, 아이의 학교생활에 대해 궁금한 점이 많으실 거라 생각됩니다. 아이에 대한 관심과 사랑의 표현이겠지요. 혹시 궁금하거나 급한 일 있으면 카톡으로 문의 주세요. 퇴근 후에 주시는 연락은 다음 날 오전에 확인하는 대로 답변해드리겠습니다. 그 사이 조금 답답한 마음이 드시더라도 너그럽게 이해해 주시기 바랍니다.

마음을 온전히 전달하기 위해서는 충분한 시간이 필요하다. 일방적으로 소통을 단절하거나 빠르게 반응하는 것보다는 천천히 생각하고 바르게 말하자. 디지털 속도에 내 마음을 맞추기 전에 잠시 멈추어 생각하는 여유가 말실수를 줄이고 상대와의 관계를 지켜 준다.

감정 섞인 말에는
가혹한 대가가 따른다

우리는 자신이 원하는 바를 상대에게 말로 표현한다. 그런데 잘못된 소통 방식으로 인해 갈등이 생기곤 한다. 이를테면 이런 식이다.

예시①

박 주임! 어떻게 일을 맡기면 끝날 때까지 중간보고라는 게 없어! 묻기 전에 알아서 못해?

예시②

집구석이 이게 뭐야~ 먼저 들어왔으면 좀 치워야지!

밥 먹었으면 설거지는 해야 할 것 아니야!

예시③
지금까지 숙제 안 하고 뭐 하고 있었어!
너까지 왜 이렇게 엄마를 힘들게 하니?

이 말을 듣고 상대는 어떻게 반응할까? 과연 이런 말들이 상대방의 생각과 태도를 변화시킬 수 있을까? 갈등 상황에서 오가는 '비난의 말'은 서로에게 상처를 주고 상황을 악화시킨다. 의도하지 않았지만 이런 상황을 만들게 된 당신의 마음도 아프고 불편할 것이다.

말은 힘이 세다. 누군가를 일으켜 세우기도 하지만 무참히 쓰러뜨릴 수도 있다. 갈등이 이어지면 끝내 모두에게 좋지 않은 결과를 초래한다. 말 한마디가 갈등의 불씨를 키워서 우리의 관계를 완전히 불태울 수 있다는 사실을 잊지 말자.

갈등의 어원이 흥미롭다. 갈등葛藤은 '칡 갈葛', '등나무 등藤'을 써서 '칡과 등나무'라는 뜻이다. 칡과 등나무는 동아줄 같은 튼튼한 줄기가 다른 나무들을 휘감으며 자라는데 시계 반대 방향인 오른쪽으로 감아 오르는 칡과 시계 방향인 왼쪽으로 감아 오르는 등나무가 서로 얽히고설켜 결국 올라가지 못하게 되는 모습에서 갈등의 뜻이 유래되었다. 갈등은 일이나 사정이 서로 복잡하게 뒤얽혀 화합하지 못함을 비유하는 말이며 상충되는 견해, 처지, 이해 따위의 차이로 생기는 충돌을 의미한다. 즉, 갈등은 '다름'에서 비롯된다. 서로 다른 사람들이 한 데 모이는 곳이 조직이다. 그래서 가정, 직장 등 어떤 공동체든 갈등은 존재할 수밖에 없다.

누구에게나 갈등의 순간은 힘들고 고통스럽다. 하지만 갈등을 원만히 해결하고 고비를 넘기면 사람과 조직은 더욱 성장하고 발전한다. 갈등을 제대로 다루고 현명하게 풀어낸 사람들의 사이가 더욱 돈독하고 단단해서 쉽게 무너지지 않는 이유가 이 때문이다. 소중한 관계를 지키기 위해서 우리는 서로 다른 입장과 견해의 차이 속에서 건강한 대화를 통해 합의점을 찾아야 한다. 사람 관계에서 완벽한 해결이란 없다. 원만한 타협이 있을 뿐이다. 이때 상대가 받아들일 수 있는 방식으로 소통하는 것이 중요하다.

상대를 비난하고 질책하는 말로는 상대의 행동을 바꿀 수 없다. 좋지 않은 상황은 반복되고 관계는 악화될 뿐이다. 사랑으로 맺은 부부 사이는 멀어져 남남이 되고, 양육자에게 비난의 말을 듣고 자란 아이는 그 방식 그대로 말하게 되며 심할 경우 성인이 되었을 때 부모와 관계를 끊어 버릴 수 있다. 상하 관계가 분명한 회사에서는 마지 못해 상사의 말에 수긍하며 따르지만 결국 불평, 불만이 쌓여 저항으로 터져 나오고 결국 회사 분위기와 일의 생산성을 떨어트리게 된다.

사랑하는 사람을 미워하는 것만큼 비극적인 일이 또 있을까? 인간은 미움의 대상이 아니라 사랑의 대상이다. 나는 인간이 행할 수 있는 최고의 가치가 사랑이라고 생각한다. 물론 사랑하는 가족, 사랑하는 나의 일, 나를 둘러싼 것들이 항상 좋을 수만은 없다. 하지만 순간의 화를 참지 못하고 쏟아 낸 말에는 가혹한 대가가 뒤따른다.

예부터 유대교에서는 혀를 화살에 비유했다. 한번 쏜 화살은 후회한다 해도 다시 거둬들일 수 없기 때문이다. 말이란 되돌릴 수 없는 상처를 초래할 수 있기에 '못된 언행'을 '살인'에 비유하기도 한다.[4] 오랜 시간 알고 지낸 사이라 할지라도 한 번의 갈등으로 서로에게 등을 돌릴 수 있는 게 사람 관계다. 갈등이 촉발되는 '그 순간의 태도'와 '말 한마디'가 관계에 치명타를 입힌다는 사실을 잊지 말자. 갈등을 키우는 말을 할 것인가, 잠재우는 말을 할 것인가. 선택은 당신의 몫이다.

다르게 말하면
관계가 달라진다

"당신은 좋은 사람입니까?" 유력한 살인 용의자의 무죄를 입증해야 하는 변호사 순호가 재판에서 이기기 위해 유일한 목격자인 자폐 소녀 지우를 만나면서 위로받고 소통해 나가는 이야기를 그린 영화 〈증인〉에는 이 대사가 자주 등장한다. 이 대사는 타인의 거울에 비친 나는 어떤 사람인지 되돌아보게 하는 핵심 메시지이자 명대사로 관객들의 마음을 흔들었다.

이 질문을 자신에게 던져 보자. 아마 대다수는 '나는 좋은 사람이지.' '나 정도면 괜찮은 사람이지.'라고 생각하지 않을까. 자기 자신을 나쁜 사람이라고 생각하는 경우는 드물지 않은가. 질문을 바꿔 보자.

'당신은 **항상** 좋은 사람입니까?' 왠지 '항상'이라는 단어가 마음에 걸리지 않는가. 이 질문에 "나는 항상 좋은 사람이야!"라고 자신 있게 말할 수 있는 사람은 그리 많지 않을 것이다. 사람은 누구나 인정과 사랑받고 싶은 기본 욕구가 있다. 그래서 좋은 사람이 되려고 노력하며 살아간다.

  하지만 '항상' 좋은 사람, 모두에게 좋은 사람이 아닐 때가 있다. 이것은 인격의 문제가 아니라 어떤 이유나 상황으로 인한 것이지 처음부터 나쁜 사람은 없다고 생각한다. '모든 사람'에게 '항상' 좋은 사람이 되어야 한다는 뜻은 아니다. 다만 지금 나와 관계 맺고 있는 소중한 사람들에게 선한 마음과 자세로 다가가자는 것이다.

  우리의 삶에는 늘 좋은 일, 행복한 일만 있을 수 없다. 하물며 길을 가다 돌부리에 넘어지기도 하는데 그때마다 돌을 탓할 수 없지 않은가. 그 상황이 짜증 나서 순간 험한 말을 한들 돌부리에 넘어지기 전 상황으로 돌아갈 수 없다. 돌부리에 넘어져 다치고, 기분도 나쁘고, 험악한 말이 나올 수 있지만 그런 나를 그대로 두지 말자. 기분이 태도가 되지 않도록 하자. 내 입에서 나온 안 좋은 말은 가장 먼저 내가 듣게 되고 내 귀를 타고 몸속으로 흘러들어온다. 우리의 삶도 인간관계에서 돌부리에 넘어지는 일들을 수없이 만나는데 상황을 탓하거나 상대를 원망하지 말고 내 마음을 다독이고 보살피며 상처 주지 않는 건강한 소통을 하자.

그러나 본의 아니게 상황에 맞지 않는 말, 상대에게 상처 주는 말들을 무의식중에 많이 내뱉는다. "너 생각해서 하는 말인데……." "너 잘되라고 이런 말 하는 거야." "솔직히 얘기하면……." "그렇게 하면 안 되지~" "됐어, 그만하자! 말하는 내 입만 아프다!" 이런 말들은 처음부터 어떤 의도를 가지고 한 말일까? 일부러 상대의 기분을 상하게 하려고 한 것일까? 분명 그렇지 않을 것이다. '이 말을 꼭 해 주고 말겠어!' '이렇게 말하면 더 기분 나쁘겠지?'처럼 악의적인 생각으로 미리 준비한 것이 아니라 순간적으로 불쑥 나간 말들이다. 그런데 참 이상하다. 돌아서서 후회할 때마다 이런 생각이 든다.

왜 말의 주인인 내가 내 말을 다스리지 못할까? 뱉고 나서 후회하는 말들을 왜 자꾸 되풀이할까? 말로 상처 주는 일을 멈출 수는 없을까? 누군가의 말에 한 번이라도 상처를 받아 본 사람은 알 것이다. 말로 베인 상처는 쉽게 아물지 않는다. 가슴 속에 평생 남는다. 반대로 나도 누군가에게 상처를 주었을 수도 있다. 이쯤에서 한번 생각해 보자. 말하고 나서 후회하고 사과하는 것보다 애초에 내가 하는 말 습관을 바꾸는 것이 좋지 않을까? 이미 익숙해진 내 말 습관의 고삐를 틀어 바꿔 놓으면 어떨까? 내 의도와 다르게 불쑥 튀어나오는 말을 통제할 수 있다

Talk low, Talk slow, and don't say too much.

낮은 목소리로 말하고, 천천히 말하고, 너무 많이 말하지 말라.

● 존 웨인(John Wayne)

면 분명 우리는 인간관계에서 발생하는 많은 갈등을 줄일 수 있다.

　나는 오랫동안 사람들의 말과 소통에 대해 고민하고 연구하면서 한 가지 의문이 들었다. 인간은 굉장히 복잡미묘한 생각과 감정을 가진 존재이며 만물의 영장이다. 모든 인간은 자신을 가장 으뜸으로 여기며 자신을 우선시하는 이기적 본성이 있다. 따라서 자신의 성향을 고집하고, 그것을 존중하지 않거나 맞지 않는 사람과 갈등을 빚는 것은 어찌 보면 당연한 일이다. 그렇다면 인간은 갈등 속에서 상처받고 고통받으며 살아야 하는 숙명적 존재인가?

　내 머릿속에 맴돌던 이러한 고민은 '교류분석'을 만나면서 해결되었다. 교류분석은 나의 성향 자체를 바꾸는 것이 아니라 특정 상황에 놓인 나와 상대의 마음을 이해하고, 그 상황에 적절한 말과 행동이 무엇인지 인지하여 현명하게 소통할 수 있도록 도와주는 탁월한 이론이다.

　그동안 나는 심리와 커뮤니케이션 이론, 언어와 인문학 등을 공부하고 그것을 교육에 접목시켜 사람들의 말하기와 소통의 변화를 확인했다. 그 가운데 실생활에 적용하기 쉬우면서 강력한 효과를 본 이론이 바로 교류분석이다. 교류분석의 기본 개념을 알면 나와 상대의 자아상태를 의식적으로 인지해 자신을 통제하고 조절할 수 있는 '유연한 의사소통'을 할 수 있다. 지금까지 온·오프라인으로 대략 10만 명, 일대일과 소그룹 코칭으로 3천 명 이상의 사람들을 만났다. 평균적으로 짧게는 한 달, 길게는 6개월간 주기적으로 코칭을 받은 사람들의 변화 추이를 확인할 때마다 교류분석 이론이 말하기와 커뮤니케이션 교육에 효과적이라는 것을 확신했다.

'관계'는 '만남'을 통해 이루어지고 '소통'은 '말'을 통해 이루어지며 '말'은 '마음'에서 비롯된다. 말은 단순히 메시지를 주고받는 것 이상의 의미가 있다. 한 사람이 겪어 온 문화와 사회화 과정의 총체적인 결과가 바로 '말'이기 때문이다. 그래서 우리는 말과 행동에서 진정한 소통의 실마리를 찾을 수 있다. 말과 행동은 마음을 반영하기 때문에 겉으로 드러나는 말과 행동을 보고 나와 상대의 마음 상태를 올바르게 이해하면 상대방과 조화로운 관계를 맺을 수 있다.

파트 2와 3에서는 구체적으로 교류분석을 통해 어떻게 나를 이해하고 사람들과 말로 소통해야 하는지 그 원리와 방법을 소개하고자 한다. 실제로 코칭받는 기분으로 간단하게 내용을 적어 보면 훨씬 더 도움이 될 것이다.

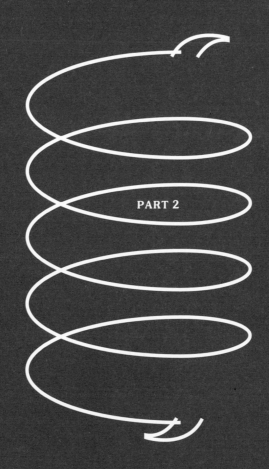

나
이해하기

PART 2

왜 그렇게
말할까?

마음의 구조
살펴보기

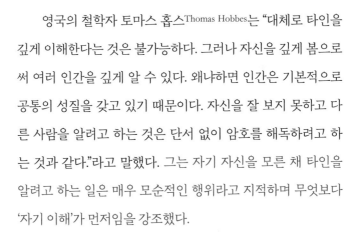

영국의 철학자 토마스 홉스Thomas Hobbes는 "대체로 타인을 깊게 이해한다는 것은 불가능하다. 그러나 자신을 깊게 봄으로써 여러 인간을 깊게 알 수 있다. 왜냐하면 인간은 기본적으로 공통의 성질을 갖고 있기 때문이다. 자신을 잘 보지 못하고 다른 사람을 알려고 하는 것은 단서 없이 암호를 해독하려고 하는 것과 같다."라고 말했다. 그는 자기 자신을 모른 채 타인을 알려고 하는 일은 매우 모순적인 행위라고 지적하며 무엇보다 '자기 이해'가 먼저임을 강조했다.

그럼 내가 누구인지 어떻게 알 수 있을까? 성격이론이자 심리요법인 교류분석에 따르면 우리 안에는 세 가지 마음이 자리 잡고 있다. 이 마음을 '자아상태Ego State'라고 부르며 각 자아 상태에 따라서 고유의 사고, 감정, 행동이 나타나고 그것이 개인의 성격을 형성한다고 본다. 즉, 자기 이해를 하기 위해서는 평소 내가 하는 말과 행동 양식을 살펴야 하며, 이는 자기 이해의 결정적 단서가 된다.

마음은 눈에 보이지 않는 내면의 정신 활동이다. 교류분석에서는 사람의 마음을 세 가지 자아상태로 분류하고 어떻게 구조화되어 있는지 그림으로 보여 준다. 이것이 'PAC자아상태 모델'이며 자아상태를 통해 성격을 분석하는 과정을 '구조분석 Structural Analysis'이라 한다.

미국의 정신의학자 에릭 번은 행동 양식에 따라 자아상태를 '부모' '어른' '아이'로 구분하고 심리 상담과 치료의 핵심 도구로 삼았다. 여기에서 말하는 부모, 어른, 아이는 우리가 일반적으로 사용하는 '엄마와 아빠' '다 큰 성인' '연령이 낮은 어린아이'를 의미하지 않는다. P는 'Parent'의 약자로 '부모자아상태', A는 'Adult'의 약자로 '어른자아상태', C는 'Child'의 약자로 '아이자아상태'를 뜻한다.

자아상태에 따라 말과 행동이 어떻게 다르게 나타나는지 이해를 돕기 위해 특정 상황을 상상해 보자. 당신은 사람이 많이 모이는 번화가를 걷고 있다. 그때 길거리에서 술에 취해 소

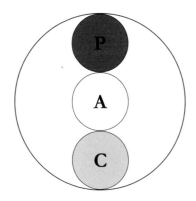

부모자아(Parents)
부모(주 양육자)를 답습한 생각 감정 행동을 드러냄
권위적, 비판적, 보호적

어른자아(Adult)
이성적인 생각 감정 행동을 드러냄
이성적, 논리적, 합리적

아이자아(Child)
유아기 본래의 생각 감정 행동을 드러냄
본능적, 직관적, 순응적

PAC자아상태 모델과 행동 양식

리를 지르고 몸을 가누지 못하는 젊은 청년을 목격했다. 자, 당신은 이 상황에서 어떤 반응을 보일 것인가? (실제로 비슷한 상황을 목격했을 때 어떻게 반응했는지 기억을 더듬어 봐도 좋다.) 아마 앞에서 제시한 세 가지 자아상태 중 한 가지 반응이 나타날 것이다. 청년의 행동을 비난하지만 내심 걱정을 한다면 부모자아상태에 있는 것이다. 청년의 상황을 객관적으로 보고 현실적으로 대처한다면 어른자아상태에 있는 것이다. 청년의 상황을 보고 느끼는 자신의 감정을 있는 그대로 표현한다면 아이자아상태에 있는 것이다.

부모자아(P), 어른자아(A), 아이자아(C)는 교류분석의 가장 기본인 자아상태 모델이다. '마음의 구조'라고 생각하면 된다. 앞서 설명했듯이 교류분석에서는 인간의 마음은 세 가지 자아상태로 구성되어 있고, 이 마음이 말과 행동을 결정한다고 본다. 처음 접하는 이론에 당황스러울 수 있지만 그렇다고 걱정할 필요는 없다. 이 책을 읽으면서 자신의 마음을 들여다보고 알아차리는 연습을 하면 'PAC자아상태'의 개념과 그 차이를 구별할 수 있게 된다.

다음에 소개하는 각 자아상태에 대한 자세한 설명이 나의 성격뿐만 아니라 타인의 성격을 이해하는 데 도움이 될 것이다.

부모자아(P)

부모자아상태에서는 청년의 행동을 비난하면서도 다칠까 봐 내심 걱정을 한다.

어른자아(A)

어른자아상태에서는 감정의 치우침 없이 지금 현재 상황을 객관적으로 바라보고 파출소에 도움을 요청하는 등 현실적인 태도를 취한다.

아이자아(C)

아이자아상태에서는 자신의 불편한 감정을 솔직하게 표출한다.

나의 세 가지 마음
들여다보기

부모처럼 말하고 행동하는
부모자아(P)

부모자아상태는 나의 부모 또는 양육자(부모 대리인), 보고 자란 권위자의 영향을 받아 생기는 자아다. 이 자아상태에서는 어린 시절 부모에게 들어온 말과 비슷한 형태의 말을 한다.

인간은 생후 만 5세까지 자신의 의지와 상관없이 외부에서 오는 자극이나 사건 등을 부모나 권위자의 태도와 방식을 모방해 나타낸다. 예를 들어 자신이 어릴 적에 뜨거운 물건을 만지려 할 때 부모가 "안돼! 뜨거워!"라고 말하며 깜짝 놀라는 표정과 몸짓을 보였다면 비슷한 상황에 놓일 때 아이는 누가 시키지 않아도 그 모습을 그대로 따라 한다. 성인이 되어서도 어릴 때 보고 들은 훈계와 규칙을 잣대로 누군가를 비판하고 통제하려 들기도 하고, 보듬거나 포용해 주기도 한다.

부모(또는 부모 대리인)나 내가 본 부모상, 권위자의 모습에 영향을 받아서 그대로 생각하고, 느끼고, 행동하고 있다면 당신은 부모자아상태에 있다. 부모의 마음으로 상대를 위에서 아래의 시선으로 바라보기 때문에 대화의 에너지는 수직적이다.

팀원과 얘기하다 보면 화가 치밀어 오른다는 팀장님이 있었다. 업무 지시를 하면 팀원이 꼭 이런저런 토를 달면서 말대답을 한다는 것이다. 나는 여기서 팀장님이 부모자아상태에 놓여 있음을 감지했다. 팀원에 관해 이야기할 때 팀장님의 표정이나 목소리에서도 느껴졌지만, 직접적으로 언급한 '말대답'이라는 단어가 결정적 힌트였다. 말대답의 사전적 의미는 '말'을 듣고 '대답'한다는 뜻이다. 하지만 실제로 이 말을 사용하는 상황적 맥락을 들여다보면 통상적으로 '상대의 의견에 반하는 말' '남의 이야기를 그대로 받아들이지 않는 거슬리는 말'로 해석할 수 있다. '말대답'이라는 표현에는 상하 관계가 존재하고 상대에게 복종을 강요하는 마음이 담겨 있다. 팀장님의 말에는 팀원의 반응이 적절하지 못하다는 평가가 들어 있는 셈이다. 이는 어릴 적 부모나 양육자에게 들었던 "어디서 말 같지 않은 소리를 하고 있어!" "어디서 말대답이야!" "어른 말할 때 끼어드는 것 아니야."라는 식의 말이 내 성격의 일부가 되어 재연된 형태라고 볼 수 있다.

→ 부모자아를 이해하는 설문지 58쪽

논리적, 객관적으로 말하고 행동하는
어른자아(A)

어른자아상태에서는 '지금 여기Now and Here'에서 얻을 수 있는 객관적인 정보와 사실에 입각해 상황을 판단하고 문제를 해결하고자 한다. 어른자아상태는 지적知的이고 조직적이며 분석적이다. 감정의 치우침이 없고 지금 눈앞에 직면한 현 상황만을 객관적으로 바라보고 현실적인 대안을 찾는다.

현재 상황을 냉철하게 합리적으로 분석하고 이성적으로 행동한다면 당신은 어른자아상태에 있는 것이다. 논리적으로 생각하고 이성적으로 행동하고 말하기 때문에 대화의 에너지는 수평적으로 흐른다.

→ 어른자아를 이해하는 설문지 59쪽

어린 시절에 했던 것처럼 말하고 행동하는
아이자아(C)

아이자아상태에서는 어린 시절에 했던 행동이나 반응이 본능적으로 나온다. 자기가 생각하고 느끼는 대로 자유분방하게 표현하기도 하고 자기 본래의 감정을 억제하거나 눈치를 살피기도 한다. 단순히 '아이 같이 행동하는 것'을 의미하는 게 아니라 자신이 어린 시절에 했던 그대로 생각하고 느끼고 행동하고 있다면 당신은 아이자아상태에 있다.

한 대표님에게 연설과 커뮤니케이션 코칭을 해드린 적이 있다. 코칭에 상당히 만족해하신 대표님은 회사의 중간관리자 한 분도 코칭을 받게 했다. 나는 그분과의 첫 만남을 잊을 수가 없다. 보통 나를 찾아오는 분들은 스스로 올바른 커뮤니케이션을 필요로 하여 자발적으로 오기 때문에 순조롭게 코칭이 진행되는 편이다. 그에 반해 그분은 '나보고 이걸 왜 하라는 거야?' '시키니까 해야지 뭐. 별수 있어?'라는 생각을 하는 듯 시선을 회피하고 자세, 목소리 톤, 뉘앙스 등에서 거부 반응이 느껴졌다. 여러 가지 나의 질문에도 대꾸가 없거나 "네." "아니오."처럼 단답형으로 대답했다. 그는 아이자아상태였다. 코칭을 하면서 알게 된 성장 과정, 회사에서의 업무 방식과 태도를 통해서 아이자아가 강하다는 것을 다시 한 번 알 수 있었다.

→ 아이자아를 이해하는 설문지 60쪽

나의
세 가지 마음
들여다보기

부모자아(P)

어릴 때 내게 가장 영향을 많이 준 사람(양육자, 권위자)은 누구였는
지 써 보고, 부모자아상태에서 나온 나의 말과 행동도 적어 보세요.

예시

비혼을 밝힌 지인에게 혀를 차며
"남들처럼 결혼해서 애 낳고 잘 살아야지."라고 말해 본 적이 있다.

무거운 짐을 들고 가는 사람에게
"제가 도와드릴까요?"라고 말해 본 적이 있다.

나의
세 가지 마음
들여다보기

어른자아(A)

현실적이고 합리적인 어른자아상태에서 나온 나의 말과 행동을 적어
보세요.

예시

갑자기 행사 일정이 변경되었다는 클라이언트의 연락을 받았다.
사전 신청자들에게 신속히 전화를 걸어 일정 변경 안내를 하고
참석 여부를 확인해 명단을 다시 작성했다.

나의
세 가지 마음
들여다보기

아이자아(C)

어릴 때 내가 어른을 대하는 태도는 어떠했는지 써 보고,
아이자아상태에서 나온 나의 말과 행동도 적어 보세요.

예시

퇴근하고 집에 들어갔더니 방이 어질러져 있었다.
그 모습을 보고 "이게 뭐야…… 될 대로 되라. 나도 모르겠다!"라며
방을 치우지 않고 그대로 뻗었다.

부서 전환 후 새로운 업무를 맡았다.
아직 일에 적응이 되지 않아 실수를 할까 봐 전전긍긍하며
팀장님 눈치만 보고 있다.

지금까지 자아상태를 통해 인간의 마음이 심리적으로 어떻게 구조화되어 있는지 살펴봤다. 자아상태는 나이와 무관하다. 법적 나이로 성인인 사람에게 "왜 이렇게 애처럼 굴어?" "나이 먹었으면 철 좀 들어."라고 말하기도 하고 어린아이에게는 "애늙은이 같네."라고 말하지 않는가. 나이가 많다고 다 어른스러운 것도 아니고 나이가 어리다고 모두 애처럼 굴지 않는다.

국립국어원에 따르면 '꼰대'는 '늙은이' '선생님'을 이르는 은어라고 정의한다. 즉, 꼰대는 권위적인 사고를 가진 나이 많은 사람이나 선생님을 비하하는 뜻을 담고 있다. 최근에는 기성세대 중 일부가 자신보다 지위가 낮거나 나이가 어린 사람에게 자신의 경험과 지식을 일반화해서 가르치려 드는, 이른바 꼰대에서 파생된 '꼰대질'하는 사람을 가리키는 의미로도 사용하고 있다.

앞서 말한 것처럼 꼰대도 나이의 문제가 아니다. 그 사람의 사고와 행동 방식, 즉 자아상태를 따른다. 따라서 나이가 많다고 무조건 꼰대라고 매도하거나 나이가 어리다고 무조건 철이 없다고 일반화시키기는 건 지양해야 한다.

과거 경험을 통해 내가 부모나 부모와 같은 권위적인 인물들의 생각과 감정, 행동을 그대로 따라 할 때(부모자아)가 있고, 현재 시점에서 이성적으로 생각하고 행동할 때(어른자아)가 있고, 이따금 어릴 때 하던 생각과 감정, 행동으로 되돌아갈 때(아이자아)도 있다는 것을 알게 되었다.

사람은 다른 사람과 커뮤니케이션할 때 이 세 가지 자아 중 어느 한 가지 상태에서 말을 걸고, 상대방도 세 가지 자아 중 어느 한 가지 자아상태에서 반응한다. 이것을 '교류Transactions'라고 한다. 이렇게 우리는 특정 순간에 성격의 일부를 드러낸다. 이를 바꿔 말하면 내가 어떠한 자아상태에서 상대방과 교류하고 있는지 내 마음을 알아차릴 수 있다면, 앞으로 내가 할 말과 행동을 예측할 수 있을뿐더러 주변 상황과 상대에 맞게 나 자신을 통제하고 조절하여 인간관계를 원만하게 만들 수 있다는 얘기다.

교류분석에서는 인간관계를 아주 중요하게 여긴다. 이 이론에서는 사람들이 진실하게 관계를 맺고 상호 의사소통을 잘하는 사회를 건강하다고 본다. 자신을 자각하고 익숙한 패턴에서 벗어나 주체적으로 새로운 선택을 하여 유연하게 교류하는 것, 다시 말해 과거에 내가 했던 말과 행동 패턴에서 벗어나 관계를 원만하게 만들 '상황 인지' '소통 방법'을 다시 선택하는 것, 이것이 교류분석의 핵심이다.

덴마크의 철학자 키르케고르Kierkegaard 역시 "행복의 90% 는 인간관계에 달려 있다."고 말한다. 실제로 '인간을 행복하게 만드는 것은 인간관계'라는 사실을 하버드대학 연구팀이 학문적인 연구를 통해 증명했다. 연구팀은 '무엇이 인간을 행복하게 만드는가'를 주제로 80년 동안 연구를 해 왔다. 하버드대학 정신과 로버트 월딩어Robert Waldinger 교수는 1938년부터 2015년까지 다양한 계층의 소년 724명을 선발해 2년마다 인터뷰했고, 부모의 직업, 가정생활, 사회생활, 건강, 사회적 성취, 친구 관계 등 삶의 전반을 추적해 2015년 결과를 발표했다. 행복은 돈, 성공, 성취, 명예에 있지 않았다. 오랜 연구 끝에 내린 결론은 '인간관계'였다. 연구팀은 행복의 조건으로 세 가지를 꼽았다. 첫째, 가족과 친구, 공동체와 긴밀한 관계일수록 행복을 느끼고 외로움과 고독은 독약과 같다. 둘째, 얼마나 많은 사람과 관계를 맺느냐보다 친밀함, 신뢰도가 높은 관계를 맺는 사람이 더 행복하다. 셋째, 좋은 관계가 몸과 마음뿐 아니라 두뇌도 보호한다.[5]

누군가와의 소통은 나를 드러내는 일이다. 만약 어느 외딴섬에서 혼자 산다면 우리는 사람과 소통을 할 필요도 없고 말을 잘해야 할 이유도 없다. 하지만 인간은 사회적 존재이므로 소통 없이는 살 수 없다. 훌륭한 소통을 하려면(나를 드러내려면) 나를 먼저 알아야 한다. 영국의 역사가이자 문명비평가인 아놀드 조셉 토인비Arnold Joseph Toynbee는 "현대인은 무엇이든지 다 알고 있다. 다만 알지 못하는 것은 자기 자신뿐이다."라는 말을 남겼다. 이제는 나 자신을 깊게 들여다보고 살피는 것부터 시작해 보자. 한 번도 해 보지 않은 일이라고 어려워하거나 겁먹지 말자. 이 책을 통해 자신의 마음을 들여다보고 사람의 성격을 이해하다 보면 어느 순간 나 자신을 알고 타인을 이해하게 될 것이다.

마음 따라 변하는
말과 행동

앞서 교류분석의 부모자아(P), 어른자아(A), 아이자아(C) 상태를 일컫는 'PAC자아상태 모델'을 통해 우리의 마음이 세 가지 상태로 구성된 것을 확인했다. 하지만 사람은 한 가지 자아상태에만 머무르지 않는다. 내가 처한 상황과 사람에 따라 나의 마음(자아상태)은 달라진다.

사람의 마음을 읽는 것이 세상에서 가장 어려운 일이라고 하지 않던가. '열 길 물속은 알아도 한 길 사람 속은 모른다.'는 속담이 나온 것도 이런 이유일 것이다. 그렇다면 우리의 마음이 평소에 어떻게 움직이는지 사례를 통해 알아보자.

"아니, 지금 몇 년 차인데 이런 실수를 해! 요즘 정신을 어디에 두고 일 하는 거야?"

업무상 중요한 실수를 저지른 K 씨를 상사는 심하게 꾸짖는다. 잔뜩 화가 난 상태로 호통을 치고 못마땅한 표정으로 노려보는데 사무실로 전화 한 통이 걸려 온다.

"네, 맞습니다. 아, 그러세요? 그럼 제가 확인하고 전화드리겠습니다."

사무실 수화기를 내려놓자마자 상사의 휴대폰 전화벨이 울린다.

"야~ 이게 얼마 만이냐? 동문회 때 소식 듣고 한번 보고 싶었는데, 반갑다! 애는 잘 크지? 하하하!"

상사는 사업상 걸려 온 거래처 사람에게 이성적으로 응대한다. 이어 걸려온 동창생과는 격의 없이 이야기를 나눈다.

"이봐 K 씨, 일단 벌어진 일은 어쩔 수 없으니까 수습부터 하자고. 위에는 내가 적당히 잘 말할 테니 얼른 마무리해."

친구와 통화를 끝낸 상사는 진정이 되었는지 업무 실수를 저지른 K 씨와 합리적으로 대화한다.

앞의 상황에서 드러난 상사의 말과 행동을 보면 마음이

시시때때로 변한다는 것을 알 수 있다. 부하 직원을 꾸짖을 때는 부모자아(P)였다가 거래처 담당자에게는 어른자아(A), 친구를 대할 때는 아이자아(C)로 변한다. 게다가 조금 전만 해도 부하 직원에게 부모자아(P)로 대했던 마음이 다시 어른자아(A)로 돌아온다. 이와 같은 일은 우리 주변에서 아주 쉽게 일어난다.

회사에서는 고개를 숙이거나 끄덕이며 "아…… 부장님. 네, 다시 해서 보고 올리겠습니다." "알겠습니다. 말씀하신 대로 준비하겠습니다." "어쩔 수 없지요. 제가 사무실 복귀해서 처리하겠습니다."라고 말하면서 집에 돌아와서는 미간을 찌푸리고 한숨을 내쉬며 "이게 뭐야? 이건 만지면 안 된다고 했지!" "누가 이렇게 맘대로 하라 그랬어? 방에 들어가서 나오지 마!" "도대체 몇 번을 말해? 학교 갔다 와서 뭐 하고 있었던 거야?"라며 화난 목소리로 이야기한다.

출근했을 때 마음 상태와 퇴근 후 집에 돌아왔을 때 마음 상태가 똑같은 사람이 얼마나 될까? 아마 거의 없을 것이다. 마음 상태는 처한 상황과 상대하는 사람에 따라서 달라지기 때문에 온종일 같을 수 없다. 즉, 우리는 상황과 상대에 따라 다른 모습을 보이곤 한다.

회사에서는 상사의 말을 잘 따르는 아이자아(C)였다가 집에 와서는 자녀들을 다그치는 부모자아(P)로 돌변하는 건 아닌

사람은 한 가지 자아상태에만
머무르지 않는다.
내가 처한 상황과 상대에 따라
나의 마음(자아상태)은 달라진다.

지, 친구에게는 한없이 다정한 부모자아(P)였다가 가족들에게는 짜증을 내고 투덜거리는 아이자아(C)로 행동한 건 아닌지 자기 자신을 돌아볼 필요가 있다.

가족과 소통하기 어렵고 표현이 서투르다며 고민을 털어 놓는 사람들이 있다. 그들은 사회생활을 하면서 만난 직장 동료나 사업 파트너에게는 친절하고 매너 있게 대하지만 유독 가족에게만 짜증을 내고 신경질을 내게 된다고 한다.

집과 가족은 정서적 안전지대라는 안도감이 들기에 조금만 방심하면 본의 아니게 가장 가까운 사람에게 상처를 주게 된다. 10여 년 전 내게도 비슷한 일이 있었다. 직장 생활을 막 시작한 사회 초년생 때 엄마가 갑상선에 종양이 발견되어 수술을 받기로 했다. 수술 전날, 엄마는 내가 있는 서울로 올라오셨다. 먼 거리를 오셨으니 쉬실 법도 한데 자취하며 바쁘게 사는 딸의 모습에 짠한 마음이 들었는지 퇴근해서 집에 올 때까지 혼자서 빨래, 청소, 냉장고 정리를 다 해 놓으셨고, 내가 씻고 나왔을 땐 저녁까지 차려 놓으셨다.

오랜만에 엄마 얼굴도 보고 세심하게 챙겨 주는 마음에 기분 좋은 것도 잠시, 다시 걸레를 잡고 끝도 없이 청소를 하는 엄마를 보니 나도 모르게 욱- 하는 마음이 올라왔다. "엄마! 내일 아침에 수술받을 사람이 지금 뭐 하는 거야? 내가 알아서 할게!

제발 청소 좀 그만하고 쉬어!" 잠시 정적이 흐르고 엄마의 표정이 굳어졌다. 그리곤 짐을 챙겨 바로 자취방을 나가셨다. 나는 순간 놀랐지만 '잠깐 나갔다 들어오겠지.'라며 대수롭지 않게 생각했다. 그러나 엄마는 밤이 되어도 집에 오지 않았다. 전화도 계속 받지 않아서 선잠만 자다 날이 밝자마자 병원으로 달려갔다. 다행히 엄마는 수술을 받기 위해 병원에 오셨다.

그날 나는 엄마를 위하고 걱정하는 마음에서 한 말이 오히려 엄마에게 상처를 준 것 같아 너무 죄송했다. "엄마가 내 걱정해 주는 건 고마워. 역시 엄마가 집에 오니까 좋다. 그런데 내일 엄마 수술받아야 하잖아. 나는 엄마가 걱정되니까 좀 쉬었으면 좋겠어." 만약 이렇게 말했다면 이런 일은 일어나지 않았을 것이다. 불청객처럼 찾아온 충동적인 감정과 말은 결국 후회를 남겼다. 소중한 관계를 지키고 싶다면 내 마음 상태를 들여다보면서 순간순간 변하는 마음을 의식적으로 알아차려야 한다.

가족은 태어나서 처음 접하는 사회 공동체이며 이 울타리 안에서 우리는 안정과 소속감을 느끼고 위로와 격려를 받는다. 그러니 가족은 가장 아끼고 사랑해야 할 대상이다. 배우자를 걱정하는 마음에서, 자식을 사랑하는 마음에서, 직원이 실수하지 않기를 바라는 마음에서, 상대가 더 잘 됐으면 하는 마음에서…… 우리는 선한 의도로 말을 시작한다. 하지만 상대에게 내 마음을 제대로 보여 줄 수 있는 말과 행동을 하지 않는다면 소통은 이루어지지 않는다. 결국, 서로에게 남는 건 얼룩진 상처뿐이다. 그러니 우리는 '나를 위한 말'이 아니라 '우리를 위한 말'을 의식적으로 선택할 수 있는 힘이 필요하다.

교류분석의 창시자 에릭 번과 함께 연구를 수행한 정신과 의사 토머스 A. 해리스Thomas A. Harris는 "부모자아(P)가 원칙과 규율을 너무 엄격하게 내세우면서 무조건 명령하는 태도를 취하려고 하거나 아이자아(C)가 순간적인 감정에 북받쳐서 주위 상황을 고려하지 않고 날뛰려 할 때 어른자아(A)가 그러지 못하도록 잠시 진정시켜야 한다."고 말한다. 욱하는 감정이 올라오거나 사사건건 트집 잡고 싶을 때, 열등감에 사로잡혀 억지 부리고 싶을 때 1부터 10까지 머릿속으로 천천히 숫자를 세면서 '어른자아(A)의 전원을 켜자.'라는 주문을 외우라고 조언한다.[6] 어른자아(A)의 전원을 켜야겠다고 의식하는 것만으로도 우리는 자신에게 이성이 있음을 인식하면서 합리적으로 행동하려고 노력할 것이다.

오늘 아침에 있었던 일을 시간 순으로 적고, 각각의 사건 속에서 내 마음 상태가 어땠는지 되짚어 보세요. 그리고 그때 나의 생각이나 감정, 행동을 적으세요.

질문

아침에 어떤 일이 있었나요?

누구를 만났다면 무슨 이야기를 나눴고, 어떤 기분이 들었나요?

나는 상대방에게 무슨 말(언어)을 했으며 내 목소리나 말투는 어땠나요?

또한 상대에게 어떤 행동(비언어)을 했나요?

→

오늘 낮에 있었던 일을 시간 순으로 적고, 각각의 사건 속에서 내 마음 상태가 어땠는지 되짚어 보세요. 그리고 그때 나의 생각이나 감정, 행동을 적으세요.

질문

낮에 어떤 일이 있었나요?

누구를 만났다면 무슨 이야기를 나눴고, 어떤 기분이 들었나요?

나는 상대방에게 무슨 말(언어)을 했으며 내 목소리나 말투는 어땠나요?

또한 상대에게 어떤 행동(비언어)을 했나요?

오늘 저녁에 있었던 일을 시간 순으로 적고, 각각의 사건 속에서 내 마음 상태가 어땠는지 되짚어 보세요. 그리고 그때 나의 생각이나 감정, 행동을 적으세요.

질문

저녁에 어떤 일이 있었나요?

누구를 만났다면 무슨 이야기를 나눴고, 어떤 기분이 들었나요?

나는 상대방에게 무슨 말(언어)을 했으며 내 목소리나 말투는 어땠나요?

또한 상대에게 어떤 행동(비언어)을 했나요?

마음의 변화
알아차리기

밤

오늘 밤에 있었던 일을 시간 순으로 적고, 각각의 사건 속에서 내 마음 상태가 어땠는지 되짚어 보세요. 그리고 그때 나의 생각이나 감정, 행동을 적으세요.

질문

밤에 어떤 일이 있었나요?

누구를 만났다면 무슨 이야기를 나눴고, 어떤 기분이 들었나요?

나는 상대방에게 무슨 말(언어)을 했으며 내 목소리나 말투는 어땠나요?

또한 상대에게 어떤 행동(비언어)을 했나요?

나의 주된 성격과
소통 방식 알아보기

앞의 내용을 보면 우리의 마음은 세 가지 상태로 구성되어 있고, 고정된 것이 아니라 변한다는 사실을 알 수 있다. 세 가지 마음 상태는 언어, 비언어(표정, 자세, 몸짓), 준언어(말투, 목소리)를 통해 알아차릴 수 있다. 이것들은 우리가 쉽게 마음 상태를 확인할 수 있는 단서들이며 이것들을 통해 나의 말 습관과 소통 방식을 알 수 있고 나아가 상대와 소통하는 방법을 알려주는 좋은 힌트가 된다.

교류분석이 실생활에 적용하기 어렵지 않은 이유도 일상에서 포착할 수 있는 단서가 많기 때문이다. 특히 아이자아(C)가 세상에 가장 처음 보인 반응은 비언어적인 것이기 때문에 신체적 움직임인 비언어는 아이자아의 단서를 파악할 수 있는 가장 좋은 방법이다.

그럼 지금부터 관찰 가능한 언어와 비언어, 준언어 단서들을 이용해 각각의 마음 상태를 파악해 보자.

부모자아(P)	
언어 (말의 표현, 어휘)	당연히 ~해야 한다, ~하지 않으면 안 된다, 틀렸다, 안 돼!, 하라는 대로 해, 바보 같다, 어리석은, 못된, 역겨운, 충격적인, 미련한, 게으른, 말도 안 되는, 터무니없는, 형편없는 물건, 형편없는 놈, 감히!, 잘해라, 좋다, 나쁘다, 예쁘다, 귀여운, 이리 와, 괜찮아, 걱정하지 마, 도와줄게, 해 줄게.
비언어 (표정, 자세, 몸짓)	찡그린 미간, 굳게 다문 입술, 허리춤에 올린 손, 절레절레 흔드는 머리, 바닥을 쿵쿵 치는 발, 불끈 쥔 주먹, 쯧쯧 혀를 차는 소리, 한숨, 못마땅한 표정, 손가락질, 삿대질, 눈살을 찌푸린다, 이를 악문다, 거만한 표정, 눈을 위로 치켜뜬다, 팔짱을 끼고 내려다본다, 상대와 눈을 맞춘다, 머리를 쓰다듬는다, 포옹, 토닥인다.
준언어 (말투, 목소리)	화난 목소리, 위압적인 말투, 설교조, 징벌적, 부드럽고 다정한 어조, 상냥한 말투, 동정적, 애정

어른자아(A)	
언어 (말의 표현, 어휘)	누가, 언제, 어디서, 무엇을, 어떻게, 왜, 어떻게 됐어? 언제부터야? 누가? 무엇 때문이야? 이유가 뭐지? 조사해 보면, 검토해 본 결과, 통계에 의하면, 구체적인 가능성은, 객관적인, 어떤 방법으로, 비교적, 가능한, 진실의, 거짓의, 네, 아니요, 사실은, 정확히, 오전 10시 30분
비언어 (표정, 자세, 몸짓)	덤덤한 표정, 신중한 표정, 침착한 태도, 바른 자세, 분명한 시선, 자신감 넘치는 얼굴, 크고 정확한 제스처
준언어 (말투, 목소리)	무미건조한 말투, 또박또박 명료한 발음, 기계적, 낮은 음성
아이자아(C)	
언어 (말의 표현, 어휘)	몰라, 싫어, 줘~, 해 줘, 뭐?, 정말?, 와!, 하고 싶어!, 하기 싫어!, 상관없어, 멋지다!, 할 거야, 즐겁다!, 신난다!, 지겨워, 힘들어, 짜증나, 어떻게 할까요?, 해도 돼요?, 뭐라고 하겠지? 어차피 뭐……, 글쎄…….
비언어 (표정, 자세, 몸짓)	뿌루퉁하게 내민 입술, 떨리는 볼, 눈물, 입을 삐죽, 실망한 표정, 축 처진 어깨, 아래를 향한 눈동자, 귀찮게 매달리기, 우물쭈물한다, 손톱을 깨문다, 눈치를 본다, 주변을 살핀다, 상기된 얼굴, 장난질, 들뜬 표정, 밝게 웃는다, 호탕한 웃음
준언어 (말투, 목소리)	목소리가 크고 빠르다, 한껏 올라간 목소리, 명랑한 목소리, 들뜬 목소리, 시끌시끌, 음침하다, 자신 없는 목소리, 애처로운 목소리, 웅얼웅얼, 말끝을 흐림

말하기와 소통에 대한 고민으로 찾아온 분들에게 나는 한두 단락 분량의 원고를 평소대로 읽어 보라고 하고, 간단한 주제에 대해 편하게 말해 보라고 요청한다. 우리나라 '국책 은행'에서 강의 의뢰를 받았을 때 신입 행원과 상담원들에게도 똑같이 부탁했다. 그리고 그 모습을 카메라로 촬영해 보여 주었다. 그들은 화면에 비친 자신의 모습이 고객과의 소통에 걸림돌이 된다는 것을 깨달았고 언어, 비언어, 준언어를 통해 자신의 자아상태를 확인했다.

회사와 집에 CCTV를 설치하지 않는 이상 내 모습을 촬영해서 확인하기란 사실상 쉽지 않다. 대신에 음성 녹음을 해서 들어 보는 방법이 있다. 표정이나 몸짓은 확인할 수 없지만 언어와 준언어로 내가 어떤 자아상태에서 상대와 소통하는지 확인해 보는 것도 좋다. 이러한 자기 이해의 과정을 통해서 비로소 자기 자신을 바로 볼 수 있다. 같은 방법으로 친구나 가족, 동료와 상사 등 주변 사람들에게 관심을 가지고 그들의 자아상태를 들여다보면 타인에 대해 깊이 이해할 수 있는 실마리를 찾게 된다.

앞서 알려 준 자신의 마음을 들여다보는 연습을 일주일 정도 해 보자. 그러면 세 가지 마음 가운데 평상시 나는 주로 어떤 자아상태에 있는지, 어느 자아상태가 강하게 작동하는지 파악할 수 있다. 그 속에서 반복적으로 강하게 나타나는 자아상태가 일반적인 나의 성향이며 주된 성격이다. 지금부터는 특정 자아상태가 강하게 작동하는 것을 '우세하다'고 칭하겠다. 이 점을 숙지하며 다음 예시를 살펴보자.

예시①

현석 씨는 퇴근 후 집에 오자마자 아들 방으로 들어간다. 온라인으로 학원 수업을 듣기 위해 준비하는 아들을 불러 세워 "세수도 안 한 얼굴에 옷차림이 그게 뭐냐!"며 꾸짖는다. 아무리 집에서 수업을 들어도 기본자세가 되어 있어야 한다고 생각하는 현석 씨는 아들의 모습이 여간 못마땅하다.

예시②

지연 씨는 오래간만에 지인을 만나서 함께 점심을 먹었다. 맛있게 밥을 먹고 계산을 하려는데 상대가 밥값을 내겠다고 한다. 지연 씨는 지인을 언제 또 만날지 모르는 상황에서 얻어먹는 것이 부담스러워 그냥 각자 내자고 제안한다. 상대방은 점심은 본인이 살 테니 지연 씨는 2차로 커피를 사라고 했지만 지연 씨가 극구 사양하여 결국 각자 계산을 했다.

예시③

대현 씨는 주말을 맞아서 모처럼 집에서 늦잠을 잤다. 아내는 봄맞이 대청소를 하려고 남편인 대현 씨에게 도와 달라고 재촉한다. 대현 씨는 "귀찮게 하지 마!"라고 말하며 이불을 꽁꽁 싸매고 침대에서 나오지 않는다.

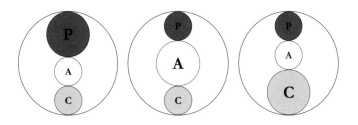

자아상태의 편향

위의 그림은 세 가지 자아상태의 불균형을 보여 주는 도식으로 사람마다 우세한 특정 자아의 말과 행동이 주로 나타난다. 예시①의 현석 씨는 전형적인 P우세형(부모자아)의 사람이다. 일반적으로 P우세형(부모자아)의 사람은 '~해야 한다.' '~하면 안 된다.'식의 당위적인 생각을 가지고 있고 융통성이 없는 편이다. 자신이 맡은 의무나 책임은 성실한 태도로 이행하고 인생을 즐기는 것보다 '워커홀릭Workholic' 경향이 있다. 반면에 자신이 느끼는 감정과 본능적인 행동을 표현하지 못하는 편이다.

예시②의 지연 씨와 같은 A우세형(어른자아)은 현실적 자아가 강해서 매사에 합리적이다. 그래서 이해타산적인 모습을 보이기 쉬우며 인정이 적은 편이다. 사람들에게 야무지다는 소리를 듣지만 A우세형(어른자아)인 사람과 소통할 때는 상대방도 어른자아상태에서 이야기하기 때문에 쉽게 친밀한 관계가 되지 못한다.

예시③의 대현 씨는 C우세형(아이자아)이다. 아내 눈치를 보면서 잠을 더 자고 싶은 마음을 누르고 같이 대청소를 하더라도 마찬가지이다. 이것은 유아적 욕구가 강하고 현실적 자아는 약한 성향이다. 유아기의 아기처럼 자기 뜻대로 행동하거나 반대로 지나치게 타인의 눈치를 보면서 상대에게 맞추려고 하는 경향을 보인다. 어떤 사안의 문제를 처리하거나 해결하는 데 미숙하고 현실적이고 합리적인 어른자아가 약해서 사회 적응이 힘든 편이다.

세 가지 자아상태 중에서 한 가지 자아상태가 두드러지게 작동하는 예시를 보았다. 이렇게 겉으로 드러나는 행동 양식을 보고 우리는 '그 사람 성격이 어떠하다.'라고 규정짓는다. 성격은 직업을 선택할 때도 큰 영향을 미치기 때문에 특정 직업군에서 특정 자아가 강하게 나타나기도 한다.

현장에서 민원인과 자주 충돌하는 문제로 업무 스트레스가 쌓인 현직 경찰이 있었다. 현장에서 일어나는 다양한 사건 사고와 문제 해결 방식을 들어 보니 그분은 업무를 수행하고 규정을 준수하는 과정에서 문제의 시시비비是是非非를 밝히며 상대를 통제하는 다소 권위적이지만 책임감 있는 모습을 보였다. 짐작할 수 있듯이 이 분은 P우세형(부모자아)의 사람이었다. P우세형(부모자아) 사람의 대표적인 직업은 군인, 경찰, 교사,

평론가, 간호사 등이 있다.

기업 대표들을 만나 컨설팅을 하고 종종 강의와 프레젠테이션을 하는 세무사도 있었다. 평소의 말 습관과 강의 스타일을 모니터링해 보니 표정 없는 얼굴에 사실 중심의 화법과 무미건조한 말투를 사용하고, 상대나 청중과 상호작용 없이 한 방향으로(일방적으로) 지식을 전달하는 말하기 습관을 갖고 있었다. 이 분은 A우세형(어른자아) 사람이었다. A우세형(어른자아)의 대표적인 직업은 어떠한 원리나 사실을 기반으로 판단하고 행동하는 회계사, 변호사, 법무사, 세무사, 아나운서, 기자, 엔지니어 등이 있다.

평소 자신이 느끼는 감정과 생각을 글로 잘 표현하는 파워 블로거가 있었다. 이 분이 올리는 제품 리뷰에는 수십 개의 댓글이 달리며 많은 사람의 공감을 얻었다. 블로거에서 동영상 크리에이터로 활동 영역을 넓히기 전에 스피치 코칭을 받으러 왔는데, C우세형(아이자아)의 사람이었다. 있는 그대로의 감정을 잘 표현하고 직관력이 뛰어난 C우세형(아이자아) 사람의 대표적인 직업으로는 화가, 문예가, 연예인, 음악가, 만화가와 같은 예술인과 창작자가 있다.

당신은 주로 어느 자아상태가 강하게 작동하는가? 자신의 주된 성격을 이해하면 내가 평소에 자주하는 말 습관이 무엇인지, 사람들과 어떻게 소통하고 있는지를 스스로 깨닫게 된다.
자기 이해의 시작은 타인에 대한 이해로 확장되며 서로 어떻게
말하고 소통해야 좋은 관계를 맺을 수 있는지 그 해답을 찾을
수 있다.

나와 너를 이해하는
다섯 가지 성격

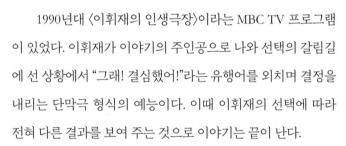

1990년대 〈이휘재의 인생극장〉이라는 MBC TV 프로그램이 있었다. 이휘재가 이야기의 주인공으로 나와 선택의 갈림길에 선 상황에서 "그래! 결심했어!"라는 유행어를 외치며 결정을 내리는 단막극 형식의 예능이다. 이때 이휘재의 선택에 따라 전혀 다른 결과를 보여 주는 것으로 이야기는 끝이 난다.

우리의 삶도 내가 무엇을 선택하느냐에 따라 각기 다른 방향으로 흘러간다. 우리에게 일어나는 일은 우리가 통제할 수 없는 외적인 요인이지만 어떤 결정을 내릴지는 나의 선택이다. 덜 후회하고 덜 상처받고 싶은가? 덜 아프고 더 성숙해지고 싶은가? 더 편안하고 행복해지고 싶은가? 그렇다면 내 통제를 벗어난 외적인 일에 스트레스를 받거나 에너지를 쓰지 말고 자신의 내면을 다스리는 데 집중을 해 보자.

그러려면 내 안의 '다섯 가지 성격'을 이해할 필요가 있다. 영화배우Actor는 자신이 맡은 역할을 통해 스토리를 이끌어 간다. 우리는 이것을 '캐릭터Character'라고 부른다. 캐릭터는 고유한 개성과 성격을 가진 상징적 이미지로써 내 안의 다섯 가지 성격이 어떻게 표현되고 발산되는지 보여 준다.

앞서 인간은 부모자아(P), 어른자아(A), 아이자아(C) 세 가지 마음으로 구조화되어 있음을 설명했다. 이번에는 각 자아 상태에서 내 성격이 어떻게 표현되고 '기능'하는지 알아보자. 기능은 사전적 의미로 '하는 구실이나 작용을 함' '권한이나 능력 따위에 따라 일정한 분야에서 하는 역할이나 작용'이라는 뜻이다. 부모자아상태를 예로 들면 부모의 역할에도 아이에게 원칙과 규율을 가르치는 '통제적인 역할'이 있고, 아이를 이해하고 보듬어주는 '양육적인 역할'이 있다. 그래서 부모자아상태에서는 두 가지로 성격이 표현된다. 교류분석에서는 '통제적인 부모CP, Controlling Parent / 비판적인 부모CP, Critical Parent' '양육적인 부모 NP, Nurturing Parent'라고 칭한다. 여기에서 주의해야 할 점은 고정관념에 따라서 아빠(또는 남성)를 통제적인 부모, 엄마(또는 여성)를 양육적인 부모로 생각하지 않아야 한다. 부모자아상태에서 어떤 역할을 하는지에 따라 통제적인 부모와 양육적인 부모를 구분해야 한다.

　우리는 부모의 영향을 많이 받고 자란다. 부모가 정해 놓은 규칙이나 기대에 반항할 때가 있고 순응할 때가 있다. 그래서 아이자아상태에서도 두 가지 성격이 나타나는데 '자유로운 아이FC, Free Child' '순응하는 아이AC, Adapted Child'라고 부른다.

　마지막으로 어른자아상태에서는 '지금 여기Now and Here' 상황에서 합리적이고 이성적인 성격 한 가지로 표현되며 '이성적인 어른A, Adult'이라고 칭한다.

　2015년 픽사에서 제작한 〈인사이드 아웃〉이라는 애니메이션 영화가 있다. 주인공인 7살짜리 라일리 앤더슨의 감정에 문제가 생기자 주인공을 행복했던 모습으로 돌려놓기 위한 과정을 그린 이야기이다. 이 영화에서는 사람의 감정을 '버럭' '까칠' '소심' '슬픔' '기쁨'이라는 캐릭터로 의인화해서 마음의 다중성을 보여 준다.

　이 영화에서는 '인간의 5대 감정'을 다루어 마음의 다중성을 보여 주지만 나는 교류분석에서 말하는 '인간의 5대 성격'에 친근한 이름을 붙여 캐릭터로 설명하고자 한다. 진정한 자기 이해와 타인과의 소통을 위해 내 마음 상태를 살피고 다섯 가지 성격을 잘 다루고 활용해 보면 좋겠다.

자아상태	마음의 구조	마음의 기능	역할	캐릭터
부모	P	CP	통제적인 부모	화끈이
		NP	양육적인 부모	포용이
어른	A	A	이성적인 어른	침착이
아이	C	FC	자유로운 아이	솔직이
		AC	순응하는 아이	끄덕이

통제적인 부모(CP), 화끈이

어린 자녀를 둔 부모는 아이들에게 무엇을 해야 하고, 무엇을 하면 안 되는지 가르치고 통제한다. 이를테면 "일찍 일어나고 일찍 자라." "신호를 잘 지켜라." "집에 오면 손부터 씻어라." "착하게 행동해라." "버릇없이 굴지 마라." "용돈 아껴 써라." 라고 말이다. 이런 성향의 사람은 회사에서도 "보고는 똑바로 해라!", "납기일을 제대로 맞춰라." "그렇게 하면 큰일 난다."라며 직원들을 아이에게 하듯 지시를 내리며 통제하려는 모습을 보인다. 만약 이러한 성격이라면 당신은 '통제적인 부모(CP)' 역할을 하는 '화끈이' 캐릭터이다.

화끈이의 생각과 태도	화끈이의 언어
◆ 상대에게 문제가 있다고 생각 ◆ 무시하고 경시하는 태도 ◆ 보수적이고 질책하는 태도 ◆ 도덕적, 윤리적, 목표 지향적 ◆ 정의로움, 권선징악, 양심, 규칙	◆ 당연히 ~해야 한다. ◆ ~하지 않으면 안된다. ◆ 틀렸어! 안돼! ◆ 바보 같은 짓 하지 마! ◆ 하라는 대로 해!
화끈이의 목소리와 어조(준언어)	**화끈이의 행동(비언어)**
◆ 강압적, 권위적, 독단적 ◆ 비판적, 단정적, 언쟁적, 설교조	◆ 손가락질, 삿대질 ◆ 눈살을 찌푸린다. ◆ 팔짱을 끼고 눈을 아래로 깔본다.

양육적인 부모(NP), 포용이

부모의 또 다른 역할은 아이를 배려하고 돌보는 것이다. 맛있는 음식을 해 주고 아프면 돌보고 치료해 주기도 한다. 부모가 우리를 돌봐 주는 것처럼 당신이 남을 보호하고 돌봐 주는 성격이라면 '양육적인 부모(NP)' 역할을 하는 '포용이' 캐릭터이다.

포용이의 생각과 태도	포용이의 언어
◆ 상대에게 문제가 없다고 생각 ◆ 관대하고 온화한 태도	◆ ~해 줄게요. ◆ 내가 도와줄까요?

◆ 수용하고 지지하는 태도	◆ 잘 했어요.
◆ 양육하고 보호하는 태도	◆ 이리 와, 걱정 마.
◆ 동정적, 연민, 애정, 돌봄, 이해심	◆ 괜찮아요.
포용이의 목소리와 어조(준언어)	**포용이의 행동(비언어)**
◆ 부드럽고 다정한 어조 ◆ 따뜻한, 상냥한 목소리	◆ 포옹, 어깨 두드림 ◆ 따뜻한 눈빛 ◆ 손을 맞잡고 다독임

이성적인 어른(A), 침착이

이성적인 어른(A)은 '지금 여기Now and Here' 상황에서 논리적이고 합리적인 한 가지 역할로 성격이 나타나며 '침착이' 캐릭터이다.

침착이의 생각과 태도	**침착이의 언어**
◆ 현실 지향적 ◆ 사실과 정보에 입각한 의사 결정 ◆ 객관적, 합리적, 이성적인 태도 ◆ 인간미 부족, 냉정하고 이해타산적 ◆ 지성, 이론, 공평, 정확성	◆ 누가, 언제, 어디서, 무엇을, 어떻게, 왜~? ◆ 구체적으로 말하면~ ◆ ~을 비교 검토해 봤을 때~ ◆ 통계, 조사에 의하면~ ◆ 정확한 사실을 확인해 보자.

침착이의 목소리와 어조(준언어)	침착이의 행동(비언어)
• 낮고 편안한 목소리 • 안정적, 무덤덤한 어조	• 정확한 제스처, 바른 자세 • 표정 변화 없음 • 분명한 시선

자유로운 아이(FC), 솔직이

아이자아상태에서는 두 가지 성격이 나타난다. 그중 하나가 '자유로운 아이(FC)' 역할이다. 만약 자신의 감정을 있는 그대로 드러내며 자유분방한 모습을 보인다면 '솔직이' 캐릭터이다. "음식으로 장난치지 말아라." "사람 많은 곳에서 뛰어다니지 말아라."라는 지시를 받아도 청개구리처럼 반대로 행동하고 호기심이 많은 편이다. 성인이 되어서도 상사나 주변 사람들을 대할 때 누구의 구애를 받지 않고 자기가 느끼는 대로 본래의 감정을 표현한다.

솔직이의 생각과 태도	솔직이의 언어
◆ 자기 중심적, 비논리적 ◆ 직관적, 본능적, 즉흥적, 창조적 ◆ 명랑, 쾌활, 낙천적, 자발적인 태도 ◆ 반항적, 능동적인 태도 ◆ 거리낌 없음, 호기심, 천진난만, 　감수성, 재치	◆ 좋아요! 싫어요! ◆ 지겨워. 짜증나. 신난다! ◆ ~하고 싶다. ~가지고 싶다. ◆ 몰라. 뭐? 줘~ ◆ (감탄사)와! 멋지다! 정말?
솔직이의 목소리와 어조(준언어)	솔직이의 행동(비언어)
◆ 감정이 느껴지는, 　밝고 명랑한 목소리 ◆ 들떠 있는 목소리	◆ 잘 웃고 장난꾸러기 ◆ 위트와 유머 ◆ 박수, 자유분방한 행동

순응하는 아이(AC), 끄덕이

　　부모나 타인의 기대에 부응하기 위한 행동을 하면 '순응하는 아이(AC)' 역할을 하는 것이다. "네!"라고 말하면서 주위 눈치를 보며 행동하고 자신의 의견이나 감정을 말하는 것을 꺼리는 게 '끄덕이' 캐릭터이다. 울고 싶고 화나서 소리치고 싶어도 감정을 삭이며 드러내지 않는다.

끄덕이의 생각과 태도	끄덕이의 언어
◆ 순응, 순종적 ◆ 양보, 조화 추구, 소극적인 태도 ◆ 의존적, 폐쇄적인 태도 ◆ 감정 억제, 타협적, 협조적인 태도 ◆ 자기 연민, 착한 아이, 주체성 결여	◆ ~해도 될까요? 어떻게 할까요? ◆ 네가 말한 대로 하지 뭐 ◆ 어차피 뭐……. ◆ 뭐라고 하겠지? ◆ 거절(거역)할 수는 없지.
끄덕이의 목소리와 어조(준언어)	끄덕이의 행동(비언어)
◆ 우물쭈물하는, 자신 없는 목소리 ◆ 겸손, 자포자기, 무기력한 어조	◆ 감정을 억압하는 행동, 한숨, 화 참기 ◆ 타인 의식, 눈치 보기, 손톱 깨물기 ◆ 불안, 초조, 두려움, 참고 견딤

여기서 잠깐 재미있는 상상을 해 보자. 화끈이(CP), 포용이(NP), 침착이(A), 솔직이(FC), 끄덕이(AC)가 한 차에 타고 가는데 방향 지시등을 켜지 않은 차가 끼어들어 와 접촉사고가 발생했다. 이때 성격 유형별로 어떻게 생각하고, 행동하고, 말하는지 비교해 보았다. 상상이라고 했지만 사실 이런 캐릭터를 가진 사람이 우리 주변에 다 존재하기 때문에 매우 현실적으로 느껴질 것이다.

화끈이(CP)의 반응

생각 ——— 상대가 잘못한 점을 지적해야겠다!

행동 ——— 상대방에게 삿대질을 한다. 뒷목을 잡고 인상을 구긴다.

말 ——— (강한 어조로) 운전 똑바로 못해? 눈을 어디에 두고 운전하는 거야!

포용이(NP)의 반응

생각 ——— 다친 사람은 없는지 살펴봐야겠다.

행동 ——— 상대방을 살핀다. 상대의 말을 먼저 들어 본다.

말 ——— (부드러운 어조로) 괜찮으세요? 어디 다치신 곳은 없으신가요?

침착이(A)의 반응

생각 ——— 상황을 객관적으로 판단하고 절차대로 처리해야겠다.

행동 ——— 차 상태를 확인한다. 보험사에 연락한다.

말 ——— (차분한 어조로) 보험사에 연락해서 처리하시죠.

솔직이(FC)의 반응

생각 ——— (감정에 충실) 어머, 큰일 났네~ 사고가 나다니!

행동 ——— 이 상황이 난처하고 곤란한 표정, 시무룩하다.

말 ——— (혼잣말로) 뭐야~ 아침부터 왜 이런 일이 생기는 거야.

끄덕이(AC)의 반응

생각 ——— 일단 상대가 어떻게 나오는지 봐야겠다.

행동 ——— 상대가 어떻게 나오는지 기다린다. 상대에게 맞추고 제안을 받아들이다.

말 ——— (수긍하는 말투로) 뭐, 그럼…… 그렇게 하시죠.

어떤가. 같은 상황에 놓여 있다 하더라도 사람의 성격에 따라 다른 모습이 나오지 않는가? 외부로 표현되는 말과 행동을 관찰하면 나와 상대방의 자아상태를 파악할 수 있다.

2021년 제93회 아카데미 시상식에서 영화 〈미나리〉로 한국 배우 최초 여우조연상을 수상한 배우 윤여정 씨는 여러 수상소감을 통해 솔직하고 재치 있는 솔직이(FC) 캐릭터를 보여 주었다. 이날 시상을 한 브래드 피트는 〈미나리〉의 제작사인 '플랜B' 대표였다. 그는 여우조연상 수상자로 윤여정을 호명했고 그녀는 무대 위로 올라왔다. 윤여정은 그를 시상식에서 처음 만나게 되자 당신을 드디어 만나서 반갑다고 너스레를 떨었다. 이어서 우리가 영화 촬영을 할 때는 어디에 있었냐며 농담을 건네자 객석에서 웃음과 박수가 터져 나왔다. 뉴욕타임스는 '윤여정의 소감은 고루했던 시상식에서 만난 뜻밖의 선물'이라고 평했고, CNN은 '윤여정이 쇼를 훔쳤다!'고 보도했다.

그녀의 시상식 패션을 담당한 스타일리스트는 미국 언론과의 인터뷰에서 그녀와 있었던 일화를 전했다. 전 세계에서 250벌이 넘는 초고가 명품 의상을 협찬해 주겠다고 했지만 그녀는 모두 거절했다. 유명한 브랜드의 보석도 너무 크고 무거워서 싫다고 했으며, 드레스 디자인도 과도하게 풍성해 보이는 것 말고 나다운 것이 좋고, 나이에 맞게 보이길 바랐다고 했다. 자신이 느끼는 감정을 있는 그대로 거리낌 없이 표현하는 모습이 솔직이(FC) 캐릭터이다.

오늘날 가장 영향력 있는 세계적인 거장 봉준호 감독은 영화 작업할 때 포용이(NP) 캐릭터가 나오는 대표적인 인물이다. 영화 〈마더〉에서 호흡을 맞췄던 서우식 프로듀서는 봉준호 감독이 평소 촬영 현장에서 배우들에게 "굉장히 좋아요. 다시 한 번만요~" "아, 정말 좋은데 2%가 부족한 것 같아요. 한 번만 더 갑시다." "많이들 지치셨죠? 하지만 여기서 조금만 끌어올리면 더 좋아질 것 같아요."와 같은 말을 많이 한다고 한다.[7]

영화 〈살인의 추억〉, 〈괴물〉에 출연했던 배우 박노식도 봉준호 감독에 대해 "그는 아주 자그마한 역할, 보조 출연자의 이름까지 불러 준다."고 이야기했다. 현실적으로 총감독이 작은 역할을 하는 배우들까지 챙기기 어려운데 봉준호 감독은 한 사람 한 사람을 모두 따뜻하게 배려하고 배우로서 존중해 준다. 〈괴물〉에 출연했던 배우 변희봉 역시 "봉준호 감독은 같은 장면을 스무 번 찍고 또 찍을 때도 배우들에게 짜증 한 번 내지 않았다."고 말했다. 이와 관련해 유명한 일화가 있다. 〈마더〉를 찍을 때의 일이다. 주인공인 김혜자는 울분을 토하는 신Scene을 무려 30번이나 찍었다. 봉준호 감독은 지칠 대로 지친 김혜자에게 다가가 "잘 하셨어요~ (잠시 배우를 다독이며) 16번과 지금 거(30번) 중에 고를게요."라고 말한다. 나는 그가 상대를 얼마나 세심하게 신경 쓰고 배려하는 지를 이 말 속에서 느낄 수 있었다.

'국민 엄마' 칭호를 받는 김혜자는 60년이 넘는 연기경력에 다수의 연기대상을 수상한 명실상부 대한민국 최고의 대배우이다. 그런 그녀가 한 신을 30번이나 찍었는데 "아까 한 게 더 좋았으니까 16번으로 할게요."라는 말을 들었다면 기분이 어떨까? 속으로 '아니, 16번으로 할 거 같으면 진작 그걸로 하지. 왜 계속 찍은 거야! 일부러 고생시키는 거야, 뭐야?'라며 잔뜩 화가 났을 법하다. 물론 최종 선택은 감독의 권한이고 누구도 뭐라 할 수 없는 결정이다. 하지만 상대가 기분 상할 수 있는 지점을 알고 "16번과 30번 중에 고를게요."라며 열연熱演한 배우를 배려해서 말한다.

영화 〈설국열차〉를 같이 촬영했던 스태프에게는 사진첩 선물과 함께 '에릭, 당신은 내가 아는 최고의 아티스트입니다.'라는 메모를 남겼고, 영화 〈기생충〉으로 수많은 상을 휩쓸었던 국제영화제 시상식 무대에서는 통역가 샤론 최, 동료 배우, 존경하는 감독들의 이름을 호명하며 그들에 대한 감사와 칭찬을 아낌없이 표현했다. 이러한 일화들을 통해 드러난 봉준호 감독의 말과 행동을 보면 포용이(NP) 캐릭터가 강하다고 볼 수 있다.

성격의 양면성
OK, Not-OK

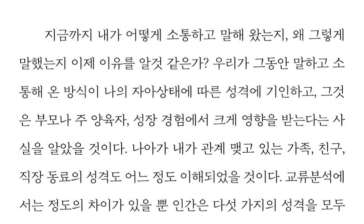

지금까지 내가 어떻게 소통하고 말해 왔는지, 왜 그렇게 말했는지 이제 이유를 알것 같은가? 우리가 그동안 말하고 소통해 온 방식이 나의 자아상태에 따른 성격에 기인하고, 그것은 부모나 주 양육자, 성장 경험에서 크게 영향을 받는다는 사실을 알았을 것이다. 나아가 내가 관계 맺고 있는 가족, 친구, 직장 동료의 성격도 어느 정도 이해되었을 것이다. 교류분석에서는 정도의 차이가 있을 뿐 인간은 다섯 가지의 성격을 모두 가지고 있다고 본다.

살면서 우리는 상사와의 마찰, 타 부서원과의 견해차, 연인이나 부부 사이의 불화, 자녀와의 충돌 등 다양한 갈등 상황에 직면한다. 그럴 때마다 자신의 자아상태를 먼저 알아차리고, 자신이 처한 상황과 상대의 자아상태를 잘 다룰 수 있는 캐릭터로 '대응'한다면 보다 유연한 의사소통을 할 수 있을 것이다.

성격은 좋고 나쁨을 따질 수 없으며 각각의 캐릭터로 그 특성을 이해해야 한다. 하지만 동전의 양면처럼 긍정적인 측면(OK)과 부정적인 측면(Not-OK)이 있으므로 되도록 긍정적으로 발휘될 수 있도록 노력할 필요는 있다. 다음 예시를 보고 각각의 성격이 가지고 있는 양면성을 참고하면 좋겠다.

긍정적인 화끈이(OK CP)와 부정적인 화끈이(Not-OK CP)

긍정적인 화끈이는 도덕적인 규범과 사회질서, 조직 내 규정을 추구한다. 상사가 신입사원에게 "출근 시간은 철저히 지킵시다."라고 말한다든지 의사가 환자에게 "과체중이라 살을 빼야 합니다. 건강에 좋지 않아요."라고 하는 것과 같다.

부정적인 화끈이는 "그냥 입 다물고 조용히 있어!" "어떻게 매일 자리를 비워? 회사가 놀이터인 줄 아는 거야?" "○○출신들은 아무튼 문제가 있어." "○○지역 사람들은 기가 세고

막무가내야." "요새 젊은 사람들은 책임감이 부족해."라며 선입견을 드러내거나 대놓고 비난한다.

긍정적인 포용이(OK NP)와
부정적인 포용이(Not-OK NP)

긍정적인 포용이는 상대방의 입장에서 이해하고 배려하여 "무슨 힘든 일이라도 있어? 혹시 도움이 필요하면 언제든지 말해."라며 도움의 손길을 건넨다.

부정적인 포용이는 자신의 기준에 못 미치면 심한 잔소리를 하고, 맹목적인 애정으로 과잉보호와 과잉친절을 베푼다. 이런 부정적인 포용이는 상대를 위해서 하는 말이라고 하지만 오히려 상대를 힘들게 만든다.

긍정적인 침착이(OK A)와
부정적인 침착이(Not-OK A)

긍정적인 침착이는 객관적이고 합리적인 판단과 행동을 한다. 부정적인 침착이는 인간미가 부족하고 다소 냉정하다.

긍정적인 솔직이(OK FC)와
부정적인 솔직이(Not-OK FC)

긍정적인 솔직이는 회식이나 사교모임에서 자신의 감정을 드러내며 그 시간을 맘껏 즐긴다. 아이나 애완동물과 놀 때도 동심으로 돌아가 천진난만한 모습을 보인다.

부정적인 솔직이는 공적인 자리에서 매너를 지키지 않거나 상대를 망신시키고 돌발적인 행동을 벌여 상황을 난처하게 만든다.

긍정적인 끄덕이(OK AC)와
부정적인 끄덕이(Not-OK AC)

긍정적인 끄덕이는 남들 앞에서 튀는 것보다 주변 사람들에게 협조하고 겸손한 태도를 보인다.

부정적인 끄덕이는 지나치게 다른 사람 눈치를 보며 우물쭈물한 자세를 취해 상황을 지연시킨다. 또한 주체성이 부족해 타인에게 의존적인 태도를 보인다.

마음의 기능	긍정적인 측면	부정적인 측면
화끈이 (CP)	도덕, 전통 유지, 규범, 이상 추구, 신념, 선악의 판단	권위적, 강압적, 독선적, 지배적, 편견, 선입관
포용이 (NP)	보호, 육성, 친절, 지지, 타인의 이해	과보호, 잔소리, 맹목적인 애정, 연약함, 희생적
침착이 (A)	이론적, 합리적, 객관적, 현실 지향, P, C를 조정 통제	인간미 결여, 계산적, 타산적, 냉정, 기계적
솔직이 (FC)	애정 표현 풍부, 자발적, 행동적, 호기심, 직관적	반항, 공격적, 방종, 자기중심, 충동적, 공포심
끄덕이 (AC)	감정 자제, 적응, 타협, 겸손, 양보	우물쭈물, 지연, 폐쇄적, 눈치, 과민, 의존적

에고그램(Egogram)
진단하기

　　대학에서 겸임교수와 취업정책 자문위원을 맡아 한창 취업특강을 활발히 하던 때였다. "자신이 생각하는 성격의 장단점은 무엇인가요?"라는 나의 질문에 학생들 사이에는 몇 초간 정적이 흘렀다. 자신에 대해 가장 잘 아는 사람은 분명 자기 자신인데 학생들은 선뜻 자신 있게 대답을 하지 못했다. 다른 사람에게 들었던 이야기도 괜찮다고 하자 그제야 몇 명의 학생들이 대답했다. "저는 꼼꼼한 성격입니다." "저는 책임감이 강합니다." "저는 도전적인 사람이에요." "친화력과 소통능력이 저의 장점입니다." "저는 실천력이 부족합니다." "걱정과 생각이 많다는 것이 저의 단점입니다." "미루는 것을 싫어해서 급하게 일 처리를 하는 것이 단점입니다."

이 대답을 들은 나는 학생들에게 자신의 장점이 발휘되었던 사례를 하나만 얘기해 보라고 했더니 강의실은 삽시간에 다시 조용해졌다. 이 일로 나는 자신에 대해 잘 모르는 학생들이 의외로 많다는 사실을 알게 되었다. 최근에 공공기관의 인사위원으로 공개채용 면접 심사를 볼 때도 똑같은 경험을 했다. 6명이 한 조가 되어 면접장에 들어오면 나를 포함한 세 명의 면접관이 공통 질문과 개인 질문을 던졌다. 자신에 대해 잘 알고 직무 강점을 어필한 지원자가 있는가 하면 그렇지 못한 지원자도 있었다. 특히 공통 질문에서 그 차이는 더욱 극명했다.

결혼 후 아이를 출산하고 기르면서 경력이 단절되었던 한 여성은 재취업을 위해 면접 코칭을 받으러 온 적이 있다. 그동안 집에서 아이들만 키워왔던 터라 자신감도 많이 떨어지고 자신의 정체성을 잃었다고 했다. 그래서 제일 먼저 자신의 성격을 파악할 수 있는 성격진단 테스트를 했고 차근차근 자기 분석을 했다.

채용 과정은 구직자와 인사담당자와의 커뮤니케이션으로 이루어지며 구직자의 장점이 어떻게 회사 발전에 기여할 수 있는지를 말하고 설득하는 것이 핵심이다. 서류전형은 '글'로, 구술면접은 '말'로 설득하는 방식의 차이일 뿐 본질은 같다. 코로나19가 발생한 이후 일부 기업에서는 비대면 화상 면접을 진행했는데 이 또한 '대면'에서 '비대면'으로 방식이 달라졌을 뿐 커뮤니케이션의 시작은 자기 이해로부터 출발한다. 이것은 비단 취업에만 해당되는 이야기는 아니다. 커뮤니케이션을 하는 모든 상황에서 '자기 이해'가 가장 기본이라는 것을 다시 한번 잊지 말자.

자신을 이해하는 방법 중 하나로 에고그램Egogram이 있다. 에고그램은 미국의 정신의학자 에릭 번이 창시한 교류분석 이론에서 자아상태의 기능분석에 속하며, 미국의 심리학자인 존 M. 듀세이John M. Dusay가 이를 발전시켜 사람의 성격을 교류분석 측면에서 시각화한 것이다. PAC자아상태에 따른 다섯 가지 성격들이 각각 심적 에너지를 얼마나 방출하는지 그 상대적 차이와 그중에 가장 많은 양 또는 적은 양의 심적 에너지를 방출하는 것은 무엇인지를 막대그래프로 나타내며, 사람마다 고유의 프로파일Profile을 갖는다. 에고그램은 심리적인 지문과 같은 것으로 자기를 이해하는 데 도움이 된다. 앞서 PAC자아상태에 따른 다섯 가지 성격을 알아봤는데 이것을 그래프화하여 직관적으로 확인할 수 있다. 다음의 순서에 따라 자가 진단해 보자. 온라인 진단과 자세한 분석은 'www.empoweredu.kr'에서 할 수 있다.

진단 방법

- [진단1]은 일반용 [진단2]는 가정용으로, 하나를 정하여 작성합니다.

- [진단1]을 선택했다면 업무 환경에서 보여 주는 자신의 모습, [진단2]를 선택했다면 가정에서 보여 주는 자신의 모습을 생각하면서 빠르게 응답합니다.

- 이상적으로 바라는 모습이 아닌 평소 모습을 떠올립니다.

- 평소의 모습과 비슷하면 'O', 다르다고 생각하면 '✕'를 공란에 표시합니다.
  정확한 진단을 위해 될 수 있으면 O, ✕ 표시를 하되 판단하기 어려운 경우에만 예외적으로 '△' 표시를 합니다.

- 'O'는 2점, '△'는 1점, '✕'는 0점으로 계산하여 각각 세로의 합을 냅니다.

- 마지막으로 111쪽의 에고그램을 선으로 연결해 표시합니다.

● 에고그램 [진단1] 일반용 ●

1	상호 이해관계를 생각한 후 행동하는 편이다.
2	자신은 자유로운 행동을 하는 사람이라고 생각한다.
3	상대방이 말을 하는 도중이라도 자신의 생각을 이야기하는 편이다.
4	생각하고 있는 바가 있더라도 겉으로 말하지 못하는 경우가 많다.
5	타인의 행동이나 실수에 대하여 엄하게 비판하는 편이다.
6	타인의 마음을 헤아려 주고자 하는 마음이 강하다.
7	상대방의 장점을 잘 파악하여 지지하는 편이다.
8	대화 중에 감정적으로 흥분하는 일이 적다.
9	매사에 강한 호기심을 느끼는 편이다.
10	돈, 시간, 업무에 대한 약속을 어기는 것을 싫어한다.
11	주위를 의식하고 체면을 차리는 편이다.
12	다른 사람의 부탁이라면 잘 들어주는 편이다.
13	나서는 것을 어려워하며 타인에게 양보할 때가 많다.
14	준법정신이 강하며 사회의 도덕, 윤리를 지키는 것을 중요하게 생각한다.
15	사물을 분석적, 객관적, 논리적으로 생각한 다음에 신중하게 결정한다.
16	하기 싫은 일은 우물쭈물 지연시키며 미루는 경향이 있다.
17	주변 사람들을 돌보아 주는 것을 기쁨으로 생각한다.
18	내 주장보다는 타인의 주장을 따르며 타협하는 일이 많다.
19	마음으로 느끼기보다는 머리로 생각하는 편이다.
20	예의범절을 따르는 것을 중요하게 생각한다.
21	중립적인 자세로 양쪽 의견을 모두 수렴하여 현실적으로 결정한다.
22	좋아하는 오락, 음식에 쉽게 빠져들고 지나칠 때가 있다.
23	무책임한 사람을 싫어하며 엄격하게 책임감을 요구하는 편이다.
24	타인에 대하여 긍정적이며 수용적이다.
25	타인의 눈치를 보며 말과 행동에 신경을 쓴다.

No.	문항	CP	NP	A	FC	AC
26	내심 불만이 있더라도 주위를 생각해서 표출하지 못하고 참는 편이다.					
27	지시하거나 명령하는 듯한 말을 자주 쓴다. (예: 이렇게 해! 저건 하지 마 등)					
28	자신의 생각이나 느끼는 바를 마음 내키는 대로 이야기하는 편이다.					
29	사소한 실수도 지나치지 않으며 지적하는 편이다.					
30	상대방의 마음에 들도록 신경을 많이 쓴다.					
31	자신의 감정을 표현하지 못하고 속으로 억누르는 편이다.					
32	갖고자 하는 것은 무조건 손에 넣어야 직성이 풀린다.					
33	어떤 일에서든 감정에 치우치지 않고 사물을 객관적으로 본다.					
34	감정 표현에 인색하지 않고 감탄사를 자주 하는 편이다. (예: 와우~ 멋있다~등)					
35	자신감이 부족해서 못할 것 같다는 생각을 할 때가 많다.					
36	치밀한 계획 및 예산을 세워 행동한다.					
37	유머러스하고 농담을 잘하는 편이다.					
38	충동적으로 화내는 일이 많은 편이다.					
39	옳고 그름이 분명하며 흑백을 명확히 한다.					
40	감정적으로 되지 않도록 이성적으로 생각하고 행동한다.					
41	잘 모르는 것은 정보를 수집해서 신중하게 결정한다.					
42	아이들이나 부하의 잘못에 대해 너그럽게 감싸주는 편이다.					
43	경청과 공감을 잘하며 친절하게 대하는 편이다.					
44	아이들이나 부하의 좋지 않은 행위에 대해서는 직접적으로 주의를 준다.					
45	생기발랄하고 호기심이 많으며 행동적이다.					
46	다른 사람이 물어보면 친절하게 대답해 준다.					
47	애정표현이 풍부하며 희로애락이 잘 드러난다.					
48	타인에게 베푸는 것을 좋아해서 손해를 볼 때가 있다.					
49	스스로의 컨디션을 잘 관리하며 지나치거나 무리하지 않는다.					
50	동정심이 많아 불쌍한 사람을 보면 지나치지 못하는 편이다.					
	◯ : 2　△ : 1　✕ : 0					
		CP	NP	A	FC	AC

● 에고그램 [진단2] 가정용 ●

		1	2	3	4	5
1	감정적이기보다는 이성적인 편이라고 생각한다.					
2	기쁠 때나 슬플 때 얼굴 표정이나 몸짓에 나타난다.					
3	자녀나 남편(또는 아내)이 잘못했을 때 바로 혼내는 편이다.					
4	순종적이며 소극적인 편이다.					
5	규칙을 지키는 데 엄격하다.					
6	길을 물으면 친절하게 가르쳐 준다.					
7	부탁 받은 것은 대체로 잘 도와주는 편이다.					
8	자녀나 남편(또는 아내)을 꾸짖기 전에 사정을 먼저 알아본다.					
9	재미있는 이야기나 농담을 잘하는 편이다.					
10	예절이나 규범에 철저한 편이다.					
11	생각한 것을 말하지 못해 나중에 후회할 때가 자주 있다.					
12	친구나 가족들에게 무엇이든 사 주는 것을 좋아한다.					
13	무리해서라도 타인에게 잘 보이려고 노력하는 편이다.					
14	요즘 세상은 자녀를 과잉보호한다고 생각한다.					
15	잘 모르는 것은 질문을 하거나 상의해서 처리한다.					
16	열등감이 있는 편이다.					
17	자녀(또는 어린이)를 칭찬한다든지 머리를 쓰다듬어 준다.					
18	자녀나 남편(또는 아내)를 위해 아무리 싫은 일이라도 참으려고 한다.					
19	일은 능률적으로 잘 처리하는 편이다.					
20	무슨 일이든 끝까지 하지 않으면 기분이 개운치 않다.					
21	책이나 기사를 많이 읽는 편이다.					
22	하고 싶은 말은 망설이지 않고 잘 하는 편이다.					
23	스스로 책임감이 강한 사람이라고 생각한다.					
24	타인을 챙기거나 뒷바라지하는 것을 좋아한다.					
25	타인의 눈치를 보면서 행동하는 편이다.					

번호	문항	CP	NP	A	FC	AC
26	자기 생각보다는 부모나 사람들의 의견에 따르는 편이다.					
27	사소한 일이라도 우물쭈물하는 것을 싫어한다.					
28	아이들이 장난을 한다든지 까불더라도 그대로 내버려 둔다.					
29	"안 돼!" "해야 한다." 라는 말을 잘 쓰는 편이다.					
30	손윗사람이나 자녀의 기분을 맞춰 주는 편이다.					
31	싫은 것을 싫다 하지 못하고 자신을 억제하는 편이다.					
32	가지고 싶은 것을 못 가지면 기분이 상한다.					
33	자녀 양육 지도에 감정적인 경우가 거의 없는 편이다.					
34	영화나 연극 등 오락을 즐기는 것을 좋아한다.					
35	우울하다든지 슬픈 기분이 될 때가 자주 있다.					
36	모든 일에 그 결과까지 예측하면서 행동에 옮긴다.					
37	자기 자신을 잊어 버리고 어린이와 노는 데 몰두할 수 있다.					
38	만화책이나 잡지를 읽는 것을 좋아한다.					
39	시간이나 금전에 대한 약속을 소홀히 하는 것을 싫어한다.					
40	무엇인가 할 때 자신에게 돌아오는 득실을 생각하는 편이다.					
41	건강에 무리가 있을 때는 무엇이든 자중하는 편이다.					
42	타인의 결점보다 장점을 많이 본다.					
43	타인의 어려움을 동정하고 위로하는 편이다.					
44	옳다, 틀리다, 좋다, 나쁘다를 분명하게 말한다.					
45	"이야~" "멋지다!" "대단하다!" 등의 감탄사를 자주 사용한다.					
46	자녀나 남편(또는 아내)의 실수, 실패에 관대한 편이다.					
47	아이들에게 농담을 하거나 놀리는 것을 좋아한다.					
48	스스로 동정심이 많다고 생각한다.					
49	육아에 대해 남편(또는 아내)과 이성적인 대화를 나눈다.					
50	경제적 여유가 있다면 고아나 고아원을 돕고 싶은 마음이 있다.					
	○ : 2 △ : 1 × : 0					

● 에고그램 분석지 ●

에고그램 진단으로 나온 5개의 결과 값(점수)을 차례대로 점으로
찍은 뒤 막대그래프를 그리고 선으로 연결합니다.

	지배적	헌신적	현실적	개방적	의존적	
20						20
18						18
16						16
14						14
12						12
10						10
8						8
6						6
4						4
2						2
0						0
	관용적 (CP)	방임적 (NP)	즉흥적 (A)	폐쇄적 (FC)	독단적 (AC)	

● Strong Point _____

● Weak Point _____

자신의 성격이 한눈에 보이는가? 에고그램은 자신의 모습을 객관적으로 파악할 수 있는 자료이다. 매우 적은 부분이라도 인간은 모두 다섯 가지 성격을 가지고 있다. 제일 높은 점수가 나온 자아상태는 무엇인가? 가장 강하게 나온 자아상태가 당신의 1차 개성을 나타내며 가장 낮은 자아상태가 당신의 2차 개성을 나타낸다.

존 듀세이는 자신이 높이고 싶은 기능적 자아상태를 높이는 것이 에고그램을 변화시키는 최고의 방법이라고 말한다. 당신의 에고그램을 통해 Strong Point와 Weak Point를 확인하고 표를 참고하여 가장 낮은 자아상태를 활성화시키는 행동을 실천해 보자. 이렇게 하면 다른 기능적 자아상태의 에너지가 자동으로 낮아진다. 전체 에너지의 양을 일정하게 유지하려는 '항상성의 원리' 때문이다. 자세한 훈련은 부록을 참고하기 바란다.

코칭을 받았던 분 가운데 통제적인 부모(CP)가 가장 높고 양육적인 부모(NP)가 가장 낮았던 IT기업 엔지니어가 있었다. 그분은 중간관리자로서 많은 프로젝트를 수행하고 팀원들에게 업무 분담과 과업을 지시했다. 그러다 보니 자신도 모르게 허리에 손이 올라가는 행동과 강압적인 말투를 자주 사용했다. 나는 그분에게 양육적인 부모(NP)를 높일 수 있는 행동들을 요청했다. 이를테면 팀원들을 격려해 주거나 전보다 부드러운 말투로 말을 건네는 식이다. 통제적인 부모(CP)를 줄이려고 굳이 애쓸 필요가 없다. 항상성의 원리에 따라 양육적인 부모(NP)에 더 많은 에너지를 쏟으면 자동적으로 통제적인 부모(CP)가 내려가기 때문이다. 이러한 방법으로 마음 상태의 불균형을 해소하고 긍정적인 방향으로 수정, 개선해 나갈 수 있다. 이것은 조직 내 소통과 인간관계에서 자신의 개선점을 찾아내고 바람직한 모습으로 바꾸어 가는 과정이다.

● 마음 상태를 활성화시키는 행동 ●

통제적인 부모(CP)	양육적인 부모(NP)	이성적인 어른(A)	자유로운 아이(FC)	순응하는 아이(AC)
약속과 규율을 지킨다.	어린이와 직원에게 상냥한 말을 건넨다.	감정 기복 없이 이야기한다.	예술에 심취하며 풍요로운 마음을 갖는다.	타인의 이야기에 귀를 기울인다.
주어진 업무는 확실히 해낸다.	"잘했구나." "괜찮다." 하며 격려한다.	계획을 잘 세워 실행한다.	대자연을 접해 본다.	상대방의 마음에 들도록 노력한다.
책임을 갖고 행동한다.	상대방 입장에서 생각해 준다.	확실한 예산을 세워 행동한다.	자질구레한 일에 구애받지 않는다.	적당히 자신을 억제한다.
목표를 갖는다.	상대방의 장점을 파악하려고 한다.	객관적으로 생각한다.	사물에 대해 강한 호기심을 갖는다.	항상 주위 사람을 배려한다.
결정된 일은 완수한다.	용기를 북돋아 준다.	무엇이든 계획을 세워 행동한다.	생각을 하면 곧장 행동에 옮긴다.	타인의 눈을 신경 쓴다.

공사를 구분하며 행동한다.	어린이에게 스킨십을 해 준다.	가능성을 추정해 본다.	적극적으로 행동한다.	상대의 의견을 순수하게 들어 준다.
등을 꼿꼿이 편다.	관대한 애정으로 사람을 대한다.	사실에 따라 생각하는 습관을 갖는다.	마음 내키는 대로 하고 싶은 일을 한다.	풍파를 일으키는 일은 하지 않는다.
좋지 않은 행위에는 주의를 준다.	친절한 마음가짐으로 행동한다.	모두에게 찬반 의견을 묻는다.	태도, 감정을 그대로 나타낸다.	세부적인 일까지 신경을 쓴다.
가훈을 만든다.	상대방의 이야기를 친근감 있게 듣는다.	감정적으로 행동하지 않는다.	명랑하고 대인관계를 원만하게 한다.	타인이 정한 사항에 따른다.
확실하게 타인을 평가한다.	타인에게 부탁을 받으면 기분 좋게 받아들인다.	5W1H 형식으로 묻는다.	언제나 생기발랄하다.	내심 불만이 있더라도 드러내지 않는다.
동작이나 행동을 시원스럽게 한다.	자녀와 타인을 잘 보살펴 준다.	시간을 두고 이야기한다.	자신의 의견을 적극적으로 피력한다.	주위를 의식하고 체면을 차린다.
옳고 그름을 명확히 한다.	사회봉사 활동에 앞장선다.	사물을 공평하게 본다.	낙관적으로 생각하고 행동한다.	타인의 비위를 맞춘다.

대화의
기본 원리

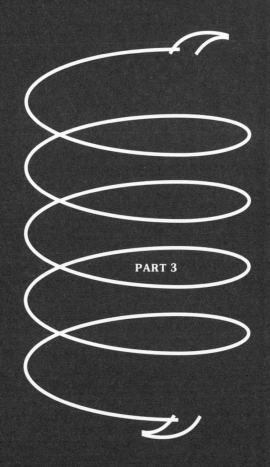

PART 3

어떻게
말해야 할까?

반응하지 말고
대응하기

미국의 심리학자 앨버트 엘리스Albert Ellis는 "우리를 혼란하게 만드는 것은 우리가 겪는 사건 자체가 아니라 이를 합리적이지 못한 방식으로 받아들이는 것에서 비롯된다."고 했으며 "인간의 행복, 불행은 언제나 마음 상태와 연관되어 있다."고 말했다. 임상심리학자이자 정신과 의사인 윌리엄 글래서William Glasser 역시 선택이론을 통해 "대부분의 행동은 선택된 것이며 다른 사람과 잘 지낼 수 있는 방법은 자신의 내면에 있다."고 했다. 그렇다면 어떻게 말해야 할지 고민하기 전에 눈앞에 놓인 상황을 어떻게 바라보고 받아들일 것인지를 먼저 고민해야 한다. 그래야 우리는 특정 상황에서 어떻게 말할 것인지 반응이 아닌 대응을 선택할 수 있으며 다르게 말할 수 있다.

당신이 K의 입장이라면 이 상황에서 어떻게 말하겠는가? 아마 누군가는 통제적인 부모자아(CP)로 J의 면상에 대고 그의 잘못을 지적하며 불같이 화를 낼 것이고, 누군가는 순응하는 아이자아(AC)로 감정을 숨긴 채 적당히 이해하고 넘어가기도 할 것이다. 시간은 누구에게나 소중한 것이므로 이런 상황에서 기분 좋을 사람은 단 한 명도 없다. 게다가 내 잘못이 아닌 전적으로 상대의 잘못으로 인해 벌어진 일이라면 더욱 그렇다.

그러나 똑같은 상황에서도 다르게 말하는 사람이 있다. '다르게 말할 수' 있는 것은 상황과 사건을 '다르게 받아들이기' 때문이다. 우리가 할 수 있는 반응으로는 두 가지가 있다. 하나는 '무의식적 반응'이고 다른 하나는 '의식적 반응'이다.

무의식적 반응은 '재채기' '하품' '딸꾹질'처럼 대뇌와 관계없이 자극에 대해 무의식적으로 나타나는 반응이다. 이와 달리 의식적 반응은 대뇌의 판단과 그에 따른 명령에 의해 일어난다. 이를테면 신호등을 보고 횡단보도를 건너는 행동, 더울 때 부채질하는 행동이 있다.

　　이 상황을 잘 해결하고 상대와 교류하기 위해 우리는 두 가지 반응 중 어떤 걸 선택해야 할까? 당연히 '의식적 반응'일 것이다. 나는 '의식적 반응'이라는 말 대신 '대응'이라는 표현을 쓴다. 반응과 대응이란 말은 얼핏 비슷한 뜻이지만 이 말을 사용하는 상황적 맥락을 보면 의미가 명료해진다. 우리는 평소에 '과민반응'이라는 말은 쓰지만 '과민대응'이라고 말하지는 않는다. 또 어떤 위험한 상황이 초래했을 때 '초기대응'이라는 표현을 쓰지만 '초기반응'이라고 하지 않는다. 미묘한 차이가 느껴지는가? 예를 들면, 화재 신고를 받은 소방관은 무작정 현장에 출동하지 않는다. 신고자의 말을 침착하게 들은 후 화재 상황에 필요한 인력과 장비를 준비해 신속하게 대응한다. 한마디로 반응은 무의식적이고 습관적으로 나타나는 행동을, 대응은 의식적이고 선택적으로 나타나는 행동을 의미한다. 그래서 '의식적 반응'의 대체어를 '대응'이라고 칭하겠다. 이미 벌어진 상황에 대해 '반응-Reaction'이 아니라 '대응-Response'하기로 받아들이고 선택했을 때 어떤 결과를 만나게 되는지 살펴보자.

반응하는 사람

"야, 지금이 몇 시야!? 전화는 왜 안 받아?"

"너는 어떻게 맨날 늦냐?"

"시계는 폼으로 차고 다니냐?"

"시간 약속을 지키는 건 기본 아니야?"

"1시간이나 늦다니 뭐야~ 사람 가지고 장난하냐!"

"사람 무시하는 거야?"

대응하는 사람

"오다가 무슨 급한 일이라도 생긴 거야?"

"(상대의 사정을 듣고) 아…… 그런 사정이 있었구나."

"연락도 안 되고…… 큰일이라도 난 건 아닌지 걱정했어~"

"또 이런 일 생길지 모르니까 앞으로는 일찍 좀 나와~"

"이번에만 내가 특별히 넘어가 준다! 다음에 늦으면 나 화낸다~"

습관적으로 반응하는 사람은 이 상황에서 버럭 화를 내며 말하거나 상대방을 인격적으로 비난하고 비아냥거린다. 그러면 둘 사이가 나빠질 것은 불 보듯 뻔한 일이다. 시간 약속을 어긴 건 잘못된 행동이지만 이에 반응화법Reaction으로 다가서면 좋은 관계를 유지할 수 없다. 오히려 상대가 적반하장으로 나올 때도 있다. "야! 너는 늦은 적 없냐! 그때는 내가 안 기다렸어? 사람이 치사하게!" 옛날 일까지 들먹이며 성질을 낼 수 있다. 방귀 뀐 놈이 도리어 성낸다고 하지 않던가. 처음에는 사과도 하고 미안해하지만 늦은 사람에게 계속 화내고 비난을 퍼부으면 도리어 발끈하기도 한다.

같은 상황이라도 대응화법Response으로 말하면 말의 결이 달라진다. 오히려 상대를 다독이고 배려하며 말하기 때문에 미안함과 죄책감을 가지고 있던 상대는 자신의 잘못을 순순히 인정하게 된다. 더불어 이해해 준 상대에 대해 더 고마움을 느끼고 신뢰감을 갖게 된다.

집을 나서는 순간부터 다시 집으로 돌아올 때까지 하루하루 매 순간 우리는 수많은 자극에 놓여 있다. 이 말은 매 순간 선택의 기로에 놓여 있다는 것과 같은 뜻이다. Reaction이 무의식에서 나오는 즉흥적이고 습관적인 반응이라면 Response는 의식에서 나오는 이성적이고 선택적인 대응이다. 같은 상황일지라도 그 상황을 대하는 태도와 입 밖으로 내뱉는 말은 전혀 다르다. 습관적으로 반응할 것인가, 선택적으로 대응할 것인가. 당신의 선택이 대화 흐름과 상대와의 관계를 좌우한다는 사실을 기억했으면 좋겠다.

대화의 목적
기억하기

예시①

김 대리가 자리를 비웠다. 한두 번이 아니라 올 때마다 자리에 없다. 잠시 후 자리에 돌아온 김 대리에게 "김 대리! 어떻게 내가 올 때마다 자리에 없어? 참네, 희한하네~ 일 제대로 하는 거 맞아? 빈둥빈둥 회사에 놀러 오는 것도 아니고, 자리에 붙어 있질 않아!"라며 쉴 새 없이 질책했다.

예시②

퇴근 후 집에 들어가니 아이들이 거실에서 뛰어놀고 있었다. "어후, 정신없어! 거실에서 뛰면 안 된다고 했지! 지난번에도 너희가 뛰어서 아랫집 사람들이 올라왔잖아! 내가 정말 스트레스받는다, 진짜!" 좋게 타일러도 되는데 큰 소리를 내며 아이들에게 화를 냈다. 풀이 죽은 아이들의 모습을 보니 후회되고 미안한 마음이 든다.

커뮤니케이션이 이루어지는 자극과 반응 사이에서 이성적으로 대응하기 어렵다고 호소하는 분들을 자주 만난다. 그러면 나는 과거를 후회하고 자책하는 분들을 '지금 여기Now and Here'로 초대하곤 한다. 교류분석은 인간관계가 존재하는 모든 상황에 적용할 수 있는 성격이론이자 심리기법으로 인간은 누구나 사고할 능력을 가지고 있고 자신의 운명을 자기 스스로 결정하며, 자기가 내린 결정은 얼마든지 변화시킬 수 있다는 철학적 가정에 기초를 두고 있다. 그래서 우리는 긍정성을 지닌 존귀한 존재이며 얼마든지 새롭게 선택하고 변화할 수 있다. 과거에 매여 있지 말고 지금부터 하나씩 선택하면 된다.

말을 잘하기 위해서는 타고난 재주나 기술도 필요하지만 그보다는 말 습관이 더욱 중요하다. 습관은 한자로 익힐 습習, 익숙할 관慣자로 이루어져 있다. 배우고 익혀서 익숙해져야 하나의 습관이 형성되는 것이니 얼마나 고되고 힘든 일인가. 하루아침에 사람이 달라질 수도 없는 노릇이니 말이다. 하지만 지금부터 차근차근 말 습관을 바꿔 나가면 된다.

말 습관을 바꾸고 관계를 회복할 것인지, 말 것인지부터가 선택의 시작이다. 나의 존재 가치를 떨어뜨리고 영혼을 파괴하는 사람과는 굳이 관계를 이어갈 필요가 없다. 하지만 자신이 지키고 싶은 관계라면 '대화의 목적'을 생각하자.

대화의 목적은 어떠한 상황에 놓여 있어도 상대와 효과적으로 소통하며 좋은 관계를 유지하는 데 있다. 상대를 기분 나쁘게 만들 때 희열을 느끼는 사람은 없다. 상대를 굴복시키고 나의 우월함을 과시하려는 목적으로 말을 하지도 않을 것이다. 하물며 국가 간에도 국가적 분쟁을 막기 위해 동맹을 맺고 우호관계를 유지하려고 노력하지 않던가. 그렇다면 우리는 '관계'를 최우선으로 생각해야 한다. 가정부터 직장, 다양한 조직에 이르기까지 갈등 상황에서는 한순간의 미숙한 말실수로 일과 관계를 그르칠 수 있으니 더욱더 노력해야 한다.

내가 상대와 관계를 끊겠다는 결심이 섰다면 이런 노력도 필요 없을 것이다. 하지만 평생 안 볼 사이가 아니라면, 한마디로 친구와 절교를 한다든지 배우자(또는 연인)와 결별을 한다든지 아니면 회사를 퇴사할 생각이 아니라면(혹은 그 결단이 서기 전까지) 자신을 위해서 그리고 서로의 관계를 위해서 조금 더 이성적으로 현명하게 '대응'했으면 좋겠다.

서로 불편하고 민감한 갈등 상황일수록 우리의 말은 더욱 신중해야 한다. 신중하다는 것은 바로 말하지 않고 '잠시 침묵

하는 것'을 의미한다. 잠시 모든 생각과 행동을 멈추고 호흡을 가다듬어 보자. 정신건강의학과 의사인 오은영 박사는 화가 났을 때 15초가 중요하다고 강조한다. 사람이 욱할 때는 뇌에서 도파민이 올라오는데 도파민 수치를 1~10으로 가정해 보자. 도파민 수치가 10까지 올라가면 폭발해 버리지만 6까지 올라갔을 때 15초 동안 잠시 생각을 멈추면 분노가 사그러 든다고 한다. 그래서 화가 나면 잠깐 숨을 멈출 것을 제안한다. 숨을 멈추었다가 내쉴 때 '아, 내가 숨을 다시 쉬고 있구나.'라고 느끼면 차분하게 감정이 정리되고 이성을 되찾는다고 한다.

감정이 격해지면 교감신경계에서는 신경전달물질인 아드레날린을 분비한다. 그렇게 되면 근육은 긴장하고 심장박동수는 증가하는데 이런 현상을 의학적으로 '스트레스 반응'이라고 한다. 우리 몸을 이완시키는 가장 좋은 방법은 복식호흡이다. 복식호흡을 하면 횡경막 운동을 통해 수축과 이완이 반복되면서 심장박동수가 줄고 불안감이 사라진다.[8] 특히 코로 숨을 쉬면 후각을 통한 호흡 리듬이 변연계와 변연계 앞 전전두엽에 전달되어 뉴런네트워크가 동조해 '감정을 조절한다'는 사실이 밝혀졌다.[9]

나는 여기에 한 가지를 더 제안하고 싶다. 잠시 감정을 정리하고 호흡을 가라앉혔다면 상대가 나에게 어떤 존재인지 차분하게 생각해 보자. 한때는 나에게 중요한 존재였지만 지금은

마음에도 없는 말을 하는 것보다
침묵하는 게 관계를 해치지 않을 수도 있다.

● 미셸드 몽테뉴(Michel de Montaigne)

그렇지 않은지 아니면 아직도 신뢰가 남아 있는지 말이다. 그런 다음에 이 관계를 회복하고 싶은지, 끝내고 싶은지 '관계의 끝'을 생각해 보자. 때로는 과감하게 관계를 정리해야 하는 사람도 분명 있다. 그러나 관계를 계속 이어 가고 싶다면 강한 정신력이 필요하다. 지금은 어떠한 문제나 오해로 갈등을 겪지만 상대는 나에게 아주 소중한 사람이고 이 관계를 지키겠다는 단호한 생각을 갖고 있어야 한다. 한순간의 감정 풀이로 관계가 틀어지고 소중한 사람을 잃고 싶지 않다는 생각이 확고해야 한다.

살다 보면 서로에게 불만이 생기고 다투기 마련인데 이를 입 밖으로 내뱉는 순간 후폭풍이 거세게 밀려온다. 실제로 워싱턴 주립대학교의 존 가트맨John Gottman 교수는 부부 사이의 대화를 3분만 지켜보면 이혼 가능성을 94퍼센트 예측할 수 있다고 한다. 35년 가까이 3천 쌍 이상의 부부를 연구한 결과 이혼하는 부부에게는 여섯 가지 신호가 나타난다고 한다.

가장 먼저 말다툼으로 시작하는 대화, 좋지 않은 첫마디로 시작하는 언어 습관을 언급했다. 나머지는 상대방을 비난하거나 모욕하고 자기변호를 일삼는 것, 자주 배우자에게 불평하거나 핑계를 대는 것, 상대방에게 보내는 좋지 않은 몸짓, 회복을 시도하나 자주 실패하는 것, 과거를 회상할 때 나쁜 기억만 떠오르는 것이었다.

직장 상사나 동료와의 갈등도 비일비재하게 벌어진다. 물론 이들을 내 가족만큼 소중한 사람으로 여기지는 않는다. 하지만 회사를 그만둘 게 아니라면 '내가 회사를 계속 다녀야 하는 이유'를 떠올려 보자. 누구에게는 안정적으로 받는 보수가 회사를 다니는 이유일 것이고, 누구는 어떤 타이틀이나 명예를 얻기 위해 출근하는 것일 수 있다. 이런 이유를 떠올리면 겉으로 화를 표출하지 않고 침착하게 대안을 찾으면서 해결 의지를 보이려고 노력하게 된다. 펄펄 끓는 냄비 뚜껑을 조금만 열어두면 끓어오르던 내용물이 가라앉게 되는 것처럼 화가 치밀어 오르는 갈등 상황에서는 호흡을 가다듬고 '대화의 목적'과 '관계의 끝'을 생각하는 습관이 필요하다. '내가 지키고 싶은 관계인가' '지금 끝내고 싶은 관계인가' 이 질문을 스스로에게 던지며 상대에게 상처를 주고 뒤돌아 후회할 수도 있는, 돌이킬 수 없는 말을 늘 경계하자.

앞서 대화의 목적은 어떠한 상황에 놓여 있을지라도 상대와 효과적으로 소통하며 좋은 관계를 유지하는 데에 있다고 했듯이, 관계에 도움이 되지 않는 말은 하지 않는 것이 좋다. 안 하니만 못한 상황을 초래하기 때문이다. 정 하고 싶은 말이 있다면 좋은 말로 표현하자. 오은영 박사는 아이를 훈육할 때도 천 번, 만 번 좋은 말로 가르치라고 말한다. 훈육은 아이의 잘못된 행동을 바로 잡고 아이가 사회 규범을 잘 따르도록 하기 위한 부모의 선한 의도에서 출발한다. 하지만 아이에게 화를 내고 윽박지르는 소통 방식으로는 아이에게 진정한 변화를 기대할 수 없다. 그래서 천 번, 만 번 좋은 말로 가르쳐야 함을 강조한다. 내가 아는 기업의 한 리더도 부하 직원을 가르치겠다고 따끔하게 훈계를 했다가 이후 리더십 평가에서 좋지 않은 결과를 받아 당혹스러웠던 경험이 있다. 아무리 의도가 좋아도 강압적인 방식으로는 원만한 소통이 이루어지지 않는다. 이처럼 갈등 상황에서 나 자신과 내 말을 다스리는 일은 매 순간 갈등의 도화선에 놓인 우리 인생에 꼭 필요한 일이다.

세 가지 대화 유형
이해하기

'티키타카Tiqui-taca'라는 용어를 아는가? 티키타카는 스페인어로 '탁구공이 왔다 갔다 하는 모습'을 가리킨다. 축구에서 짧은 패스를 빠르게 주고받는 경기 전술을 일컫는데, 최근에는 말이 잘 통해 빠르게 주고받는 대화를 의미하기도 한다.

티키타카에는 '상호작용이라는 대화의 속성'이 제대로 담겨 있다. 대화는 내가 상대방에게 말을 걸고 상대가 대답을 했을 때 일어나는 의사소통이다. 상호작용이자 교류Transaction인 것이다. 대화는 교류이다. 발신자가 의사를 전달하고 수신자가 대답할 때 이루어진다. 이때 '교류의 시작을 자극Stimulus'이라 하고, 그 '대답을 반응Response'이라 한다. 만약 누군가 나에게 "잘

지냈어?"라고 인사를 한다면 나도 그를 쳐다보며 "응. 별일 없었어."라고 대답할 것이다. 이것을 두고 '교류'라고 한다. 질문과 대답, 인사와 화답. 이러한 자극과 반응이 계속 이어지면서 우리는 일련의 교류를 한다.

자극을 보내면 반응이 오고, 반응 또한 자극을 촉발시킨다. 커뮤니케이션은 이러한 연쇄적인 교류가 이어지는 것이다. 교류분석에서는 발신자와 수신자가 주고받는 것들(언어, 비언어, 준언어)을 파악하면서 자아상태 모델을 사용해 상대와 소통이 잘 되는지, 소통이 되지 않는지, 소통의 장애가 되는 것은 무엇인지 의사소통 과정을 분석하고 알아낸다. 이러한 과정에서 자신과 타인의 대화 형태를 객관적으로 분석하여 의사소통의 문제점을 발견하고 스스로 발신이나 수신을 개선하면 좋은 관계를 만들 수 있다.

모든 대화는 자극과 반응의 대화 양상에 따라 세 가지 유형으로 분류할 수 있다. 지금까지 나는 어떤 유형의 대화를 주로 나누었는지 생각해 보면서 다음의 대화 유형을 이해해 보자. 교류분석에서는 '상보교류' '교차교류' '이면교류'라는 용어를 사용하는데 나는 이해하기 쉽게 '소통대화' '고통대화' '비밀대화'라고 부르겠다.

소통대화(상보교류)

예시①

박 팀장 ——— (진지한 표정으로) 오늘 워크숍이 몇 시에 시작하지?
● **어른자아(A)**

김 대리 ——— (차분한 목소리로) 오전 10시입니다. ● **어른자아(A)**

예시②

친구1 ——— (흥분된 목소리로) 우리 주말에 등산 가자! ● **아이자아(C)**

친구2 ——— (박수를 치고, 목소리 톤을 높이며) 그래, 좋아! 신난다~
● **아이자아(C)**

예시③

사장 ——— (화난 목소리로 인상을 쓰며) 지금 몇 시야? 대체 지각을
몇 번이나 하는 거야? ● **부모자아(P)**

직원 ——— (풀 죽은 목소리로 고개를 숙이며) 죄송합니다. 다음번에
는 지각하지 않겠습니다. ● **아이자아(C)**

소통대화는 발신자가 보내는 자극에 기대한 대로, 예상한
대로 반응이 오는 대화를 말한다. 이 대화를 하면 이쪽에서 '쿵'
하면 저쪽에서 '짝'하고 손발이 맞아서 '말이 잘 통한다'는 느낌
을 받게 되고 대화가 계속 이어지는 즐거운 교류를 할 수 있다.

예시①의 박 팀장과 김 대리의 대화는 두 사람 모두 어른

자아상태에서 이성적으로 이루어졌다. 관찰 가능한 목소리나 신체적 단서도 어른자아상태를 가리킨다. 박 팀장은 어른자아상태에서 정보를 물었고, 기대한 대로 김 대리는 어른자아상태에서 사실에 입각해 대답했다.

예시②는 친구 사이의 대화이다. 두 사람 모두 아이자아상태에서 즐거운 대화가 이루어졌다. 관찰 가능한 목소리나 신체적 단서도 아이자아상태다. 친구1은 아이자아상태에서 주말 등산을 제안했고, 친구2는 친구1이 기대한 대로 아이자아상태에서 같이 맞장구를 치며 제안을 수락했다.

예시③은 사장과 아르바이트 직원의 대화이다. 사장은 부모자아상태, 직원은 아이자아상태에서 대화가 이루어졌다. 화가 난 사장은 직원이 잘못을 인정하고 뉘우치기를 기대했고, 사장이 기대한 대로 직원은 아이자아상태에서 고개를 숙이며 사과를 했다.

예시의 사장과 직원의 사례에서 보았듯이 소통대화는 무조건 좋은 상황에서 대화가 오가거나 긍정적으로 말해야 하는 것이 아니라 갈등 상황에서도 발생한다. 다만 말하는 사람이 기대하고 예상한 대로 상대가 반응해 주었을 때 원만한 소통이 이루어진다는 것이 핵심이다.

고통대화(교차교류)

예시①

사장 —— (화난 목소리로) 지금 몇 시야? 너희들 몇 번째 지각이야!
● 부모자아(P)

직원1 —— (차분한 목소리로) 제가 또 늦었습니다. 지하철 기계결함으로 운행이 지연되어서 본의 아니게 지각을 했네요. 사장님 화나신 거 이해합니다. ● 어른자아(A)

직원2 —— 제가 늦은 건 맞지만 왜 소리까지 지르고 그러세요?
● 아이자아(C)

예시②

아들 —— 엄마, 어디 가세요? ● 어른자아(A)

엄마 —— (짜증 섞인 목소리로) 왜! 또 돈 필요해? 공부는 안 하고 요새 뭘 자꾸 사는 거야? ● 부모자아(P)

앞서 소개한 사장과 아르바이트 직원의 소통대화와 비교하면 고통대화를 이해하기 쉬울 것이다. 고통대화는 발신자가 보내는 자극에 기대한 바와 달리 예상 밖의 반응이 오는 대화를 말한다. 이쪽에서 '쿵'했는데 저쪽에서 '빡'하고 손발이 맞지 않아서 '말이 안 통한다'는 느낌을 받게 된다. 교류가 어긋난 것이다. 예시①에서 직원의 지각에 화가 난 사장은 직원이 잘못

을 인정하고 뉘우치기를 기대했는데 직원1은 어른자아상태에서 차분하게 지각한 이유를 이성적으로 이야기했다. 직원2는 자신의 불편한 감정을 드러내며 사장에게 쏘아붙이는 말을 했다. 사장의 예상을 벗어난 반응들이다. 이렇게 되면 "어라? 또 늦은 거 알면서 지각을 해! 너 뭘 잘 했다고 그렇게 당당해?" "잘못해 놓고 어디서 대들어?" 이런 식으로 다음 대화의 양상이 갈등으로 치닫게 된다.

예시②는 아들과 엄마의 대화이다. 아들은 어른자아상태, 엄마는 부모자아상태로 대화가 이루어졌다. 집을 나서는 엄마를 보고 침착하게 이야기한 아들은 엄마가 이성적으로 행선지를 말해줄 것이라 기대했지만 엄마는 짜증을 내면서 아들을 비난하고 혼내는 예상 밖의 반응을 보였다.

발신자의 기대와 어긋날 때 소통은 고통이 된다. 틀어진 관계를 회복하기 위해서는 한 사람 또는 두 사람 모두 자아상태를 바꾸어야 한다. 교류가 어긋나면 작은 소란이 발생될 수 있으며 심할 경우 동물이 위협을 감지할 때 나타나는 심리적·생리적 '투쟁-도피Fight-or-Flight Response'와 같은 유사반응이 나올 수 있다. 이를테면 화를 버럭 내고 사라진다든지 입을 꾹 닫고 침묵으로 일관하는 반응이다. 이러한 최악의 상황을 피하기 위해서는 한 사람이라도 이성적으로 상황을 바라보며 상대방을 이해하려 노력하고 받아 주는 너그러움이 필요하다.

비밀대화(이면교류)

예시

남편 ——— 여보, 내 검은색 양복 어디 있어? ● **어른자아(A)**

아내 ——— 작은방 옷장에 있어. ● **어른자아(A)**

남편 ——— (미간을 찌푸리며) 여보, 내 검은색 양복 어디 있어?
　　　　　● **어른자아(A)**
　　　　　(속마음) 와서 찾아주면 어디가 덧나나! | **부모자아(P)**

아내 ——— (한숨을 내쉬며 귀찮은 말투로) 작은 방 옷장에 있어.
　　　　　● **어른자아(A)**
　　　　　(속마음) 혼자서 못하나? 매번 저래! | **부모자아(P)**

비밀대화는 겉으로 드러나는 말과 속마음이 일치하지 않는 대화를 말한다. 속마음에 비밀이 숨겨져 있는 대화라고 생각하면 된다. 부부의 대화는 겉으로 보기에 어른자아상태로 이성적인 대화를 나누고 있다. 그렇다면 속마음은 어떻게 알 수 있을까? '어조' '몸짓' '자세' '표정' 등의 '비언어적 단서'를 주의 깊게 살펴봐야 한다. 겉으로 드러나는 대화 내용은 같지만 부부의 비언어를 보고 그에 따른 비밀대화를 파악할 수 있다.

본심 안에 진실이 숨어 있다. 겉으로 표현하는 말은 언어로 전달되고 본심은 비언어에서 나타난다. 그래서 비밀대화는 비언어를 통해 찾아야 한다. 에릭 번은 화성에서 내려와 지구인을 관찰하는 작은 초록 인간을 '생각하는 화성인Thinking Martian'이라고 비유했다. 이 화성인은 인간의 커뮤니케이션이 의미하는 것에 선입견을 갖지 않는다. 다만 우리가 어떻게 커뮤니케이션하는지 관찰하고 그에 따른 행동에 주목한다고 한다. 우리 모두 '생각하는 화성인'이 된 기분으로 상대의 행동을 관찰하고 비밀대화를 찾아서 진실한 소통을 나누자.

대화의 세 가지 기본 유형을 알아봤다. 어떤 유형의 대화가 좋은 대화, 나쁜 대화라고 논할 수 없다. 다만 발신자의 자극에 기대한 대로, 예상한 대로의 반응이 나오는 '예측 가능한 대화'를 하는 게 커뮤니케이션을 원활하게 하는 소통 방법이다. 예측 가능한 커뮤니케이션을 하려면 소통대화(상보교류)를 하는 것이 좋다. 만약 어떤 사람과의 커뮤니케이션이 불편하거나 원만하지 못하다면 두 사람이 기대에 어긋나는 고통대화(교차교류)를 하고 있는지 살펴봐야 한다.

대화 시 팁을 주자면 만약 상대방이 나를 귀찮게 하거나 그 상황을 피하고 싶다면 의도적으로 고통대화(교차교류)를 해서 대화의 흐름을 끊고 빠르게 종결할 수 있다.

다섯 가지 패턴으로
말하기

교류분석 이론의 토대가 되는 자아상태 모델을 통해 사람의 성격과 행동을 이해했다면 이제는 다섯 가지 성격 중에서 어떤 캐릭터로 커뮤니케이션을 해야 하는지 알아보자. 일반적으로 가장 자주 일어나는 대화 패턴 세 가지와 가까운 사이에서 일어나는 특별한 대화 패턴 두 가지를 소개하고자 한다.

발신자: 침착이(A) → 수신자: 침착이(A)

누군가 침착이 캐릭터로 말을 할 때 상대방도 침착이 캐릭터로 말해 주기를 기대하는 대화 패턴이다. 이것은 논리적인 대화나 문제 해결에 필요한 대화로, 이를테면 객관적인 사실과 정보를 중심으로 의견을 교환해야 하는 토론자, 사업 파트너, 직장 동료나 상사와의 대화가 그러하다. 발신자와 수신자가 모두 침착이 캐릭터라면 원만한 대화를 할 수 있다. 그런데 만약 수신자가 솔직이 캐릭터라면 발신자는 "사람이 왜 이렇게 장난스러워? 좀 진지한 태도로 일할 수 없어?"라며 대화가 틀어질 수 있다. 그러니 발신자가 침착이 캐릭터로 말을 건네 온다면 침착이 캐릭터로 대화를 받아 주자.

발신자: 솔직이(FC) → 수신자: 포용이(NP)

누군가 솔직이 캐릭터로 말을 할 때 상대방이 포용이 캐릭터로 말해 주기를 기대하는 대화 패턴이다. 만약 화끈이 캐릭터로 제재를 하거나 침착이 캐릭터로 무덤덤하게 대한다면 대화가 원활하게 이어지지 못한다. 발신자가 겉으로 솔직한 감정을 표현하면서 수신자의 이해나 도움을 원하는 것이기 때문에 발신자가 솔직이 캐릭터로 말한다면 포용이 캐릭터로 상대를 공감해 주고 받아 주면 된다.

발신자: 화끈이(CP) → 수신자: 끄덕이(AC)

누군가 화끈이 캐릭터로 말을 할 때 상대방이 끄덕이 캐릭터로 말해 주기를 기대하는 대화 패턴이다. 발신자는 누군가를 통제하고 제재하는 언어와 태도로 말하기 때문에 수신자가 그것에 대해 순응하면 원만하게 대화가 진행된다. 수신자가 침착이 캐릭터로 사실을 근거로 이성적인 태도를 취한다면 발신자는 "너가 뭘 안다고 나서! 가만히 있어!"라며 버럭 화를 낼 수 있다. 그러니 발신자가 화끈이 캐릭터로 말을 건네 온다면 일단은 끄덕이 캐릭터로 받아 주어야 다음 대화로 이어갈 수 있다.

직장 상사와의 소통으로 고민을 토로하는 분이 있었다. 해외업무 특성상 영어로 말할 때는 대등하게 얘기를 하는데 우리말은 존댓말과 존칭어가 발달되어 있다 보니 우리말로 토론을 할 때는 말이 나오지 않는다고 했다. 우리나라는 장유유서, 상명하복과 같은 뿌리 깊은 전통적 인간관이 지배적인 유교 문화의 영향을 받았다. 그래서 나이나 지위가 높은 사람이 항상 위에 있어야 한다는 생각이 강하다. 목소리부터 높이며 "너 몇 살이야!" "어쭈! 네가 그걸 알아?" "그냥 시키는 대로 해!"라고 말하는 사람을 보면 '아…… 이분은 화끈이구나!'라고 알아차리면 된다. 남들에게 명령하고 지시하는 권위적인 소통 방식을 가진 화끈이 캐릭터의 상사에게는 내가 끄덕이 캐릭터가 되어 상사를 잘 받아 주고 맞춰 주는 것이 필요하다.

솔직이 캐릭터로 소통하면 일을 크게 만들어서 상황을 악화시킬 수 있다. 이런 유형의 사람과 소통할 때는 처음에 끄덕이 캐릭터로 저자세를 취해야 상대가 자신이 대우받고 있다는 느낌을 가지면서 서로 대화할 수 있는 분위기가 만들어진다. 예전보다는 권위적인 상사들이 많이 줄긴 했지만 과중한 책무로 인해 직급이 높을수록 통제적인 부모자아가 강한 편이다.

과거와 타인은 바꿀 수 없다. 바꿀 수 있는 것은 오직 자기 자신뿐이다. 내가 발신자라면 그 상황과 상대의 자아상태에 맞추어 적합하게 말해야 하고, 수신자라면 상대의 자아상태를 알아차리고 적절하게 대응해야 한다. 이 두 가지 태도가 내적으로 튼튼하게 뿌리를 내리면 인간관계에 강한 비바람이 몰아쳐도 흔들리지 않을 것이다.

수없이 많은 시행착오를 겪었던 내가 교류분석을 만나고 나 자신이 바뀌면서 깨달은 것이 있다. '나 자신을 바꾸면 상대가 변한다.'는 사실이다. 예전에는 상대를 내 기준에 맞게 바꾸려고 하고, 바뀌지 않는 상대를 탓했다. 그리고선 혼자 답답해하고 분하다고 생각했던 적도 있다. 이제는 알게 되었다. 내가 바꿀 수 있는 건 오직 나 자신과 내 미래뿐이라는 것을. 모든 관심과 노력을 자신의 내면에 집중해 보자. 그렇게 자신을 먼저 바꾸면 그 영향으로 상대가 서서히 변하게 되는 경험을 하게 될 것이다.

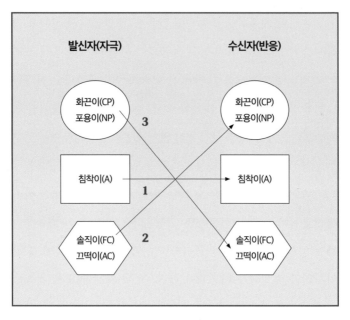

이 세 가지의 대화 패턴이 의사소통을 할 때 일어나기 쉬운 교류들이다. 발신자가 어떤 캐릭터로 말을 하고 수신자가 어떻게 말해 주기를 기대하는지 미리 알고 대응한다면 인간관계에서 벌어지는 상당수의 갈등과 말다툼을 미리 막을 수 있으며 이미 갈등 상황이 벌어졌더라도 극에 치닫지 않는다. 갈등이 촉발되는 그 순간을 잘 대응해야 그다음에 여러 가지 대안과 조율을 통해 근본적인 문제 해결을 할 수 있다. 그러니 의사소통을 하는 그 순간 무엇보다 초기대응이 중요하다는 것을 기억했으면 좋겠다. 이 외에 아주 가까운 사이에서 일어나는 두 가지 특별 교류도 소개하고자 한다.

발신자: 화끈이(CP) → 화끈이(CP)

발신자가 화끈이 캐릭터로 말을 할 때 상대방도 화끈이 캐릭터로 말해 주기를 기대하는 대화 패턴이다. 가까운 사이일 때는 발신자가 자신이 비판하고 있는 인물이나 상황에 대하여 상대가 동의, 동조해 주기를 원한다. 예를 들면 시국이나 정치에 대한 잡담, 사회 문제 등에 대한 불만, 싫어하는 대상에 대한 뒷담화 등이 이에 해당한다. 발신자가 화끈이 캐릭터로 말한다면 화끈이 캐릭터로 장단을 맞춰 주자. 다만 가까운 사이라도 민감한 이슈나 특정 인물에 대한 뒷말이 불편하게 느껴진다면 적당한 선에서 동조하면 된다. 발신자는 가까운 사이라 믿고 속마음을 털어놓는 것이고 위로와 이해를 받고 싶은 것이니 수신자가 유연하게 대응하면 좋다. 반복적인 뒷말은 자기 자신의 인격을 깎아내리고 부정적인 에너지를 만드는 말이니 되도록 지양하자.

발신자: 솔직이(FC) → 솔직이(FC)

발신자가 솔직이 캐릭터로 말을 할 때 상대방도 솔직이 캐릭터로 말해 주기를 기대하는 대화 패턴이다. 가까운 사이에서는 서로 격이 없고 편하다. 유치한 장난을 치거나 놀리는 상황을 즐기며 서로 눈높이를 맞춰 즐거운 교류를 한다. 장난을 쳐도 상대가 무안해하거나 반색하지 않는다. 웃음이나 농담, 애정 표현 등이 많으며 연인, 부부, 가족, 학창시절 친구 등 특별히 가까운 사이에서 일어나는 대화 패턴이다. 발신자가 솔직이 캐릭터로 나온다면 눈높이를 맞춰 솔직이 캐릭터로 받아 주자.

예를 들어 주말 휴일, 아이는 놀이 상대로 소파에 누워 있는 아빠에게 다가간다. "꼼짝 마! 움직이면 쏜다!" 장난감 총을 겨누며 아이가 말한다. 이에 아빠는 "저리 가! 두두두두두!" 재빨리 몸을 피하며 총 쏘는 시늉을 한다. 아빠와 놀고 싶어 하는 아이는 솔직이 캐릭터로 상황극을 만들었고, 아이 수준에 맞춰 아빠도 솔직이 캐릭터가 되어 동심으로 돌아가 상황극에 몰입했다. 이와 유사한 상황으로는 연인끼리 "나 잡아 봐라~"하며 잡힐 듯 잡히지 않는 놀이를 하는 경우다. 둘 사이에 적당히 거리를 유지하고 서로 웃으며 즐거운 분위기에서 밀고 당기기를 반복한다. 가까운 사이에서 이런 교류가 이루어지며 친밀감이 더욱 커진다.

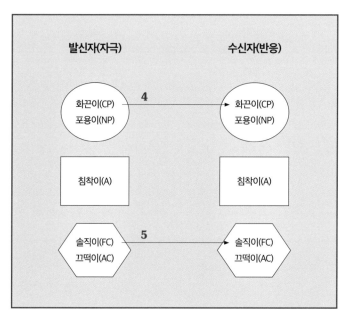

특별히 가까운 사이에 일어나는 대화 패턴

사람들 사이의 조화나 주고받는 호흡을 일컫는 말로 '케미'라는 신조어가 있다. 화학 반응을 의미하는 '케미스트리 Chemistry'의 줄임말인데, 드라마나 영화 속 주인공이 극에서 연기 호흡이 좋고 실제로도 잘 어울릴 때 '케미가 좋다.'는 말을 쓰기도 한다. 발신자가 어떤 캐릭터로 말을 하고 수신자가 어떤 캐릭터로 말해 주기를 기대하는지 미리 알고 있다면 대응이 수월하다. 그래서 쿵짝이 잘 맞는 캐릭터별 케미를 정리했으니 참고하길 바란다.

발신자(자극)	수신자(반응)
침착이	침착이
솔직이	포용이 / 솔직이
화끈이	끄덕이
포용이	포용이 / 솔직이
끄덕이	포용이

인정 자극을 주며
말하기

　미국의 심리학 교수 해리 할로우Harry Harlow는 인간과 94%
의 유전자를 공유하는 붉은털원숭이를 대상으로 사랑과 애착,
모성애에 관한 심리 연구를 했다. 할로우는 갓 태어난 붉은털
원숭이 새끼를 어미로부터 떼어 낸 뒤 가짜 어미(인형)가 있는
우리에 넣었다. 인형 하나는 가슴에 우유병이 있는 철사로 만
든 것이었고 나머지 하나는 우유병이 없는 헝겊 인형이었다.
새끼원숭이는 젖을 먹을 때만 철사로 만든 엄마 인형과 있었고
나머지 시간은 헝겊으로 만든 엄마 인형과 하루 종일 붙어 있
었다. 특히 새끼원숭이는 천적의 사진이나 큰소리 등 극단적인
공포와 위협을 받으면 즉각 보드랍고 따뜻한 헝겊 엄마에게 달

려가 안겼다. 결국 새끼원숭이는 젖을 먹기 위해 엄마를 찾는 게 아니고 포근하고 부드러운 접촉을 통한 애착을 그리워한다는 것을 알게 되었다. 이 실험을 통해 사람은 생물학적인 배고픔보다 정신적인 배고픔을 더 중요하게 여긴다는 사실을 밝혀냈다. 우리도 나에게 따뜻한 사랑과 인정을 베푼 사람을 잊지 못한다. 부드러운 미소로 바라봐 주고 등을 토닥여 주며 아낌없이 칭찬을 해 주던 존재와 그 기억이 우리에게 위로가 되고 살아가는 힘이 된다.

교류분석에서는 인간의 심리적 욕구를 충족시키는 행위를 '스트로크Stroke'라고 한다. 일종의 '존재 인정자극(존재 인지)'으로 '인정의 한 단위A Unit of Recognition'로 정의한다. 다른 사람으로부터 인정을 받으려는 욕구는 '인정-기아Recognition-Hunger'라고 한다. 스트로크를 주고받으며 발생하는 '자극-인정' 혹은 '자극-기아'에 의해 사람은 성장하기도 하고 실패를 맛보기도 한다. 이 때문에 스트로크는 동기 유발을 해 주고 행동을 강화시키는 중요한 역할을 한다. 우리가 커뮤니케이션을 할 때 인정자극을 주어야 하는 이유이다.

스트로크는 6가지로 분류할 수 있다. '언어적 스트로크'와 '비언어적 스트로크'. '긍정적 스트로크'와 '부정적 스트로크'. '조건적 스트로크'와 '무조건적 스트로크'이다. 적절한 상황에 적합한 스트로크를 능숙하게 사용한다면 업무 성과와 원만한 인간관계에 윤활유가 되어 줄 것이다.

언어적 스트로크와 비언어적 스트로크

중요한 프레젠테이션을 마치고 사무실로 복귀한 K 씨. 준비한 만큼 실력을 발휘한 것 같아 기분이 좋다. 사무실에 와서 팀장님께 업무 보고를 하니 "그동안 야근하면서 준비 많이 했는데 수고했어! 아주 기대가 커~ 역시 K 씨야!"라며 칭찬을 받았다. 그동안 애썼다며 등을 두드려 주는데 프레젠테이션을 준비하면서 힘들었던 것이 싹 풀어지는 느낌이었다.

조건적 스트로크와 무조건적 스트로크

수 개월간 취업 준비를 해온 첫째 딸 경희. 마침내 남들이 부러워하는 대기업에 합격해 첫 출근을 하는 날이 되었다. "경희가 이렇게 대단한 회사에 입사해서 엄마는 참 기쁘다. 오늘 저녁에 먹고 싶은 거 있으면 뭐든지 말해~" 엄마는 집을 나서는 딸에게 이야기한다. 집을 나온 경희는 불현듯 어릴 적 엄마에게 들었던 말이 귓전에 맴돈다. "우리 경희가 있어서 엄마는 얼마나 행복한지 몰라~ 우리 집 보물이야~"

긍정적 스트로크와 부정적 스트로크

퇴근길에 내가 좋아하는 간식을 사 가지고 온다는 남편의 연락을 받았다. "고마워. 당신은 어쩜 이렇게 자상해~ 이따 집에서 봐~" 퇴근을 하고 집에 왔는데 남편이 옷을 거꾸로 벗어 세탁기에 휙 던져 놓은 모습을 보니 갑자기 화가 났다. 남편에게 눈을 흘기며 결국 한마디를 한다. "내가 진짜 당신 때문에 죽겠다. 옷 좀 제대로 벗어서 넣으면 어디가 덧나!"

팀장님이 K 씨에게 칭찬의 말로 간접적인 인정 자극을 준 것이 언어적 스트로크라면, 안아 주거나 등을 두드려 주는 직접적인 신체 접촉이 비언어적 스트로크이다.

엄마가 경희에게 한 칭찬 중 취업 합격, 대기업 입사와 같이 특정 행위에 대한 조건이 붙는다면 조건적 스트로크가 되고, "경희가 있어서 행복하다."와 같이 존재 자체를 인정해 주면 무조건적 스트로크가 된다.

긍정적, 부정적 스트로크는 언어적, 비언어적 스트로크와 조건적, 무조건적 스트로크를 할 때 동시에 이루어진다. 앞서 긍정적 스트로크 사례와는 반대로 꾸중을 하거나 무시하는 발언을 하는 것이 언어적 부정적 스트로크이고, 손가락질하거나 꼬집기 등은 비언어적 부정적 스트로크이다. "시험 기간인데 공부 안 하면 안 되지!"라며 특정 행위에 조건을 붙여 조건적 부정적 스트로크를 줄 수 있고, "너 같은 건 없어도 돼!"라며 존재 자체를 인정하지 않으면서 무조건적 부정적 스트로크를 줄 수도 있다. 한마디로 상대가 기분 좋게 느낀다면 긍정적 스트로크이고, 반대로 상대가 기분 나쁘게 느낀다면 부정적 스트로크이다.

스트로크	언어적	비언어적	조건적	무조건적
인정 자극	간접적, 언어적	직접적, 신체적	행위, 태도	존재, 인격
긍정적	칭찬, 표창, 격려, 위로	포옹, 등 다독이기, 쓰다듬기	(특정 행위) ~해 줘서 고마워, 기뻐, 일 잘 처리했네.	(대상) 있어서, 덕분에 감사해, 행복해, 있는 그대로 충분해.
부정적	꾸중, 비난, 질책, 지적	삿대질, 때리기 꼬집기	(특정 행위) 안 하면 안 돼, 나빠, 망쳤네, 틀렸네, 네 옷 스타일이 맘에 안 들어.	(대상) 있어서, ~ 때문에 죽겠어, 힘들어, 너 같은 건 없어도 돼, 나 네가 싫어.

긍정적 스트로크는 기본적으로 상대방을 즐겁게 해 준다. 그런데 어떤 사람은 스트로크를 받았을 때 자신이 선호하는 스트로크 지수에 맞지 않으면 이를 무시하거나 하찮게 여긴다. 이러한 스트로크를 '디스카운트Discount'하거나 '걸러낸다Filter Out'고 말한다. 스트로크를 디스카운트하는 흔한 방법으로는 코웃음을 치거나 웃고 넘어가 버리는 것이 있다.

사람들 말에 상처를 받아서 말하기가 두렵다는 분이 있었다. 이야기를 자세히 들어 보니 뛰어난 외모로 사람들의 관심을 한 몸에 받는 선배에게 "너무 예쁘다."라고 칭찬을 했다가 도리어 "립 서비스 하지 말라."는 핀잔을 들었다는 것이다. 그때부터 사람들에게 말하는 게 조심스럽고 두려워졌다고 한다. 분명 언어적 긍정 스트로크를 보냈는데 선배가 디스카운트한 것이다. 이것은 스트로크 필터Stroke Filter로 받고 싶은 스트로크만 선택적으로 받아들이거나 걸러 내는 현상인데 스트로크 필터를 열지 않는 사람은 인간관계 속에서 고립감과 우울감을 경험할 수도 있다. 그러니 스트로크를 제대로 주고받는 연습이 필요하다.

TV조선에서 방영된 〈미스터트롯〉 오디션프로그램에서 최종 2위를 차지한 가수 영탁은 긍정적 스트로크를 많이 하는 대표적인 인물이다. 차세대 트롯 스타로 발돋움한 그는 밝은 성격과 재치 있는 입담으로 전 세대에 걸쳐 많은 사랑을 받고 있다. 그가 출연한 모든 프로그램에서 긍정적 스트로크를 찾아볼 수 있는데 특히 〈미스터트롯〉의 한 장면이 인상 깊었다.

일대일 데스매치에서 진眞을 차지한 영탁은 진 특전으로 가장 먼저 팀원을 선택할 수 있는 권한이 주어졌다. 그런데 놀랍게도 그가 선택한 멤버들은 전부 패자부활자였다. 이것은 심사위원과 참가자들 모두 의아해했던 파격적인 선택이었다. 사회자는 그 이유에 대해 질문을 했고 영탁은 "패배했다는 것 자체가 의미 없을 정도로 잘해줬던 친구들이고 제 마음속에서는 가장 훌륭했던 동생들이라서 선택했다."고 대답했다. 직전 경연에서 탈락해 낙심하고 위축되었던 멤버들을 구사일생으로 살려 주었을 뿐만 아니라 언어적 긍정 스트로크로 그들에게 믿음과 신뢰를 주었다. 그렇게 다시 한 번 기회를 얻은 멤버를 한 사람씩 안아 주고 머리를 쓰다듬으며 비언어적 긍정 스트로크를 해 주었다. 공개적인 TV 프로그램인 만큼 그의 긍정적 스트로크는 보는 이들로 하여금 더 큰 감동을 전해 주었다.

그의 스트로크는 다음 경연에서도 이어졌다. 다음 단계인 에이스전 무대를 다른 멤버에게 양보했는데 영탁의 응원과 지지를 받은 그 멤버가 최고점수를 기록한 것이다. 무대를 마치고 내려온 멤버를 뒤에서 포옹하고 안아 주며 심지어 뽀뽀하는 시늉까지 했다. 여기서 그치지 않고 귀도 쓰다듬어 주고 엉덩이도 토닥이며 비언어적 긍정 스트로크를 아낌없이 해 주었다. 긍정적 스트로크로 멤버를 성장시킨 영탁의 훌륭한 리더십이 돋보였던 사례이다.

성공한 리더들은 공통적으로 긍정 스트로크를 많이 한다. 2002년 한일월드컵에서 박지성 선수가 골을 넣고 히딩크 감독에게 달려가 덥석 끌어안는 장면은 여전히 많은 사람의 뇌리에 남아 있다. 히딩크 감독은 박지성 선수를 꽉 안아 주며 축하해 주었다. 평소에도 히딩크 감독은 "너를 믿는다." "할 수 있다!"라는 언어적 긍정 스트로크를 많이 하는 것으로 알려져 있다.

2020년 도쿄올림픽 한국 여자배구의 주장을 맡은 김연경 선수의 긍정 스트로크도 인상 깊다. '10억 명 중에 1명 나올까 말까 한 선수'라고 평가받는 월드클래스 김연경 선수는 이번 2020년 도쿄올림픽에서 주장 완장을 차고 숙적 일본에게 극적으로 역전승을 거두고, 세계랭킹 4위인 터키를 꺾으며 한국 여자배구팀의 4강행을 이끌었다. 그녀는 세계가 주목하는 부담감 속에서 코치진과 선수단 사이의 커뮤니케이터 역할을 잘했고 경기 중에도 "해 보자." "후회 없이 해 보자!" "가자!" "웃어!"라는 말로 동료들을 독려하고 하이파이브와 포옹을 나누면서 팀 분위기를 화기애애하게 만들었다.

우리가 어렸을 때 집이나 학교에서 받았던 칭찬 스티커 혹은 '참 잘했어요' 스탬프를 기억하는가? 담임 선생님에게 받은 참 잘했어요 스탬프는 동기 부여가 되고 더 열심히 하려는 행동을 강화한다. 이처럼 우리는 스트로크를 통해 자신의 존재감을 인정받기도 하고 박탈감을 느끼기도 하면서 인생의 스탬프를 쌓고 있다. 이제는 그동안 자신이 얼마나 스트로크를 해 왔는지 스스로 점검해 보고 자기 자신에게 스트로크를 해 주고, 자신이 원하는 상대에게 스트로크를 요청해 보기도 하자. "스트로크가 없는 것은 심리적인 죽음과 같다."고 한 토마스 해리스Thomas Harris의 말처럼 스트로크는 사람을 살리고 사람의 마음을 움직이는 힘이다.

스트로크(Stroke)
진단하기

내가 되고 싶은 모습이 아니라 실제 나의 모습을 반영하여 작성한다.

다음 A-E의 설문을 읽고 본인의 행동에 해당하는 것에는 2점, 어느 쪽 인지 잘 분간할 수 없으면 1점, 해당되지 않으면 0점을 매겨 주십시오.

A。

1 친구들과 찻집이나 식당에 갈 때 자기가 먼저 권해서 가는 일이 많다.

_____ 점

---

2 귀가 시 가족들에게 "지금 오세요?" 또는 "지금 왔어?"라는 인사를 받기 전에 자신이 먼저 "나 왔어."라고 말한다.

_____ 점

3 곤경에 처한 사람을 지나치게 도와주려고 하기 때문에 가족이나 친구들로부터 "너무 참견하지 마."라는 말을 자주 듣는다.

_____ 점

4 직장이나 가정에서 남의 노고에 대해 별 어려움 없이 위로하고 감사를 표할 수 있다.

_____ 점

5 가족 생일이나 결혼기념일 등을 잘 기억해 두었다가 축하의 말을 먼저 건네는 편이다.

_____ 점

B.

1 회의나 잡담을 하는 자리에서 남의 결점을 지적하는 편이다.

_____ 점

2 직장 후배나 부하에게 칭찬보다는 엄한 충고나 꾸중을 많이 하는 편이다.

_____ 점

3 가족들이 내 생각대로 행동하지 않을 때 그 자리에서 지적하는 편이다.

_____ 점

4 식당에서 서비스가 나쁘면 즉시 불평을 토로하는 편이다.

_____ 점

5 새치기를 하거나 금연장소에서 담배를 피우는 사람에게 즉각 주의를 주는 편이다.

점

C。

1 귀가 시 "나 왔어."라고 말하기 전에 누군가에게 "지금 오세요?" 또는 "지금 왔어?"라는 질문을 받는다.

점

2 업무상 관계자(고객, 거래처, 타부서 등)로부터 고맙다거나 위로받는 일이 비교적 많다.

점

3 일의 달성 여부에 상관없이 도중에 노력을 인정받아 격려해 주는 상사나 선배가 있다.

점

4 밖에서나 가정에서나 나의 수고에 대해 다른 사람으로부터 위로와 감사의 표시를 자주 받는다.

점

5 매우 곤란한 문제에 직면했을 때 바로 상의할 수 있는 신뢰할 만한 사람이 있다.

점

D。

1 직장에서 작은 실패나 목표 미달에 대해 꾸중을 듣거나 압박을 느낀 일이 있다.

점

2 지난 반년 동안 자신의 직접적인 책임이 아닌 일 때문에 직장에서 책망을 받았다고 느낀 일이 있다.

점

3 가족 중에 비교적 신경질적인 사람이 있어 악의는 없지만 당신을 비판하거나 책망하는 일이 있다.

점

4 상사나 선배 중에 보통 이상으로 엄격한 사람이 있어 당신을 힘들게 한다고 느낀 일이 최근에 있었다.

점

5 나의 가족은 남의 가족에 비해 서로가 너무 엄격하다고 느끼는 경우가 많다.

점

E。

1 휴일에 하루 종일 혼자 지내도 고통스럽지 않고 오히려 친구가 찾아오면 부담감을 느낀다.

점

2 길을 가다가 아는 사람을 만났을 때 인사하기 귀찮아서 길을 돌아간 적이 있다.

점

3 남과 얘기를 나눌 때 갑자기 다른 생각에 잠겨 상대방이 재차 말을 하고서야 제정신을 차리는 경우가 많다.

점

4 사정이 생겨 직장에서 점심을 혼자 먹게 되면 해방감을 느낀다.

점

5 회식이나 친목회 같은 모임에 불가피한 사정으로 불참하게 될 경우 오히려 잘 되었다고 생각한 적이 있다.

_____ 점

A-E의 그룹마다 점수를 합한 후 다음 막대그래프에 표시하십시오.

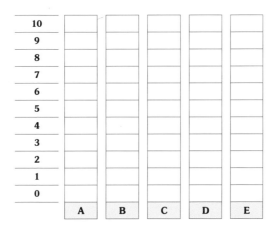

스트로크는 한 사람만 일방적으로 주는 것이 아니라 서로 주고받아야 한다. 이 그래프를 통해 주고받는 스트로크의 양을 확인할 수 있다. A는 긍정적 스트로크를 주는 정도, B는 부정적 스트로크를 주는 정도, C는 긍정적 스트로크를 받는 정도, D는 부정적 스트로크를 받는 정도, E는 무 스트로크(스트로크를 주지도, 받지도 않음) 정도를 나타낸다.

A: 긍정적 스트로크를 주는 정도

만약 A가 7~8점이라면 상대에게 긍정적 스트로크를 충분히 주고 있다. 5점 이하라면 긍정적 스트로크를 잘 주지 않는 것이고, A가 10점인데 C가 낮다면 긍정적 스트로크를 주는 양이 더 많아서 상대에게 서운함이 생기거나 주는 것에 지칠 수가 있다. 그러니 상대에게 당당히 스트로크를 요청하는 것도 필요하다.

B: 부정적 스트로크를 주는 정도

만약 B가 3점 이상이면 상대에게 부정적 스트로크를 많이 주고 있다. 이런 경우 자신도 모르게 주변에 적이 생길 수 있고 인간관계를 해칠 수도 있으니 평소에 자신이 어떤 부정적 스트로크를 쓰는지 점검하고 줄여야 한다.

C: 긍정적 스트로크를 받는 정도

C가 7~8점이라면 상대에게서 긍정적 스트로크를 충분히 받고 있다. 그러나 만약 10점이라면 혹시라도 자신이 상대의 마음을 무조건 긍정적으로 해석하고 있는 것은 아닌지 생각해 봐야 한다. 혹은 자신에게 다 긍정적이고 잘 해 주는 사람만 곁에 있고 솔직하게 조언해 주는 사람이 없을 수도 있다. 다른 것과 균형을 이룬다면 특별한 문제는 없지만 그것이 아니라면 앞서 두 가지에 대해 고민해 볼 필요가 있다.

D : 부정적 스트로크를 받는 정도

만약 D가 3점 이하라면 부정적 스트로크를 적당히 받고 있다. 모든 사람에게 사랑받는 것은 불가능하며, 적당한 부정적 스트로크는 성장의 자극제가 되기 때문에 이 정도는 괜찮다. 그러나 5점 이상이라면 자신이 상대나 모든 상황을 지나치게 비관적이거나 부정적으로 해석하고 있는 것은 아닌지 생각해 봐야 한다. 혹은 주변에 나의 에너지를 뺏는 에너지 뱀파이어들이 많다면 관계를 끊거나 정중하게 긍정적 스트로크를 요청해야 한다.

E: 무 스트로크 정도

E는 스트로크를 주거나 받지 않는, 즉 스트로크를 상대와 교환하지 않고 있다. 2~3점이라면 적당하다. 다만 지나치게 높은 10점이라면 자신만의 세계에 빠져 외부와 차단된 삶을 살고 있는 것이니 사람들과 소통하려는 노력이 필요하다. 반대로 0점이라면 자신만의 시간이나 공간이 너무 오픈되어 있는 상태라서 사람들에게 쉽게 휘둘리고 외부 환경에 휩쓸릴 수 있다. 중심을 잡을 수 있도록 자신만의 시간과 공간을 적당히 가지며 셀프 스트로킹Self-Stroking을 해 주어야 한다.

그동안 나는 얼마나 스트로크를 해 왔고 받아 왔는지 이제 알게 되었을 것이다. 미국 노스캐롤라이나 대학 심리학과 교수인 바버라 프레드릭슨Barbara L. Fredrickson과 마셜 로사다Marcial F. Losada 연구팀은 60여 개 기업을 방문하여 회의에서 주고받은 단어를 녹취해 분석했다. 그 결과 성장과 쇠퇴를 가르는 한계 긍정율Critical Positive Ratio이 2.9대 1이라고 밝히며, 성공하는 조직은 긍정적인 발언(칭찬)이 부정적인 발언(비난)에 비해 3배 정도 많고 가장 높은 성과를 내는 조직은 긍정적인 발언이 6배 많다고 한다. 그 비율이 11대 1을 넘으면 오히려 성과가 떨어진다고 하니 조심하자. 이 이론은 워싱턴 대학의 존 가트먼John

Gottman 박사에 의해 부부 사이에서도 검증되었다. 부부들의 주말 대화를 분석해 긍정단어와 부정단어의 비율이 2.9대 1 이하면 이혼에 이른다는 결론을 얻은 것이다. 더불어 다정하고 안정된 결혼생활에는 긍정단어 대 부정단어의 비율이 5대 1이 이상적이라고 하는데, 이는 한 번 비난을 하면 다섯 번의 긍정적인 말과 행동이 필요하다는 뜻이다. 인간관계를 맺고 소통하는 일은 스트로크의 교환이라고 해도 과언이 아니다. 특히 사람은 긍정적 스트로크 받기를 원한다. 그러니 긍정적 스트로크는 많이 하고 부정적 스트로크는 최소한으로 하는 것이 좋다.

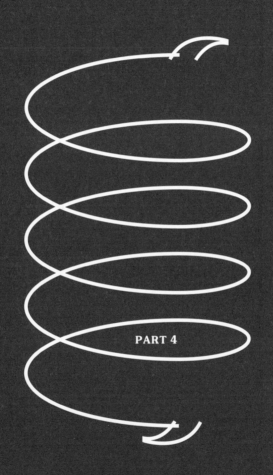

관계의 변화를
만드는

PART 4

실전
소통법

일상·직장에서
자주 소통하기

"어떻게 하면 일상에서 소통능력을 키울 수 있을까요?" 온라인 특강 때 준비한 강의를 마치고 자유롭게 질의응답 시간을 가졌는데 한 분이 이런 질문을 했다. 최근에 말을 잘하고 소통을 잘하기 위해서 책을 읽거나 이런저런 특강을 들으며 공부하는 분들이 많아졌는데, 조금 더 적극적인 자세로 일상에서 소통능력을 키우려고 노력하는 건 아주 긍정적인 시도이다. 내가 좋아하는 말 중에 '물방울이 돌을 뚫는다'는 뜻의 '수적석천水滴石穿'이라는 말이 있다. 물이 돌을 뚫을 수 있는 이유는 '물의 힘'이 아니라 '돌을 두드린 횟수' 때문이다. 미미할지라도 꾸준히 노력하면 큰일을 이룰 수 있음을 의미한다. 우리는 매 순간 사람들과 수없이 많은 소통을 하며 살아가기에 일상에서 수시로, 매일매일 노력한다면 작은 시도들이 모여 결국 인간관계에 큰 변화를 줄 것이다.

그렇다면 일상에서 소통능력을 키우는 방법은 무엇이 있을까? 우리가 말을 하는 근본적인 목적은 상대와 효과적으로 소통하며 좋은 관계를 맺기 위해서이다. 그러려면 좋은 경험을 함께 나누는 것이 가장 좋은 방법이다. 특별한 날 거창하게 이벤트를 하고 비싼 선물을 주는 것은 일회성에 불과하다. 그 순간에는 효과가 있겠지만 지속성이 떨어지고 많은 에너지 소모와 비용 부담이 있다. 그것보다는 직접 만나서 서로 즐길 수 있는 좋은 경험을 함께 나누는 것이 좋다.

여러 가지 사정으로 기념일이나 특별한 날 혹은 잠깐 기분 전환할 수 있는 휴일에 가족과 지인들을 만나지 못하면 무척 아쉬운 마음이 든다. 그건 사람들이 대면 만남을 선호하기 때문이다. 그래서 거창하고 대단한 걸 준비해 만나는 게 아니더라도 서로 잠깐 얼굴을 보거나 차 한잔하는 것이 좋다. 공원 산책, 달리기, 미술이나 영화 관람, 맛집 탐방, 게임, 쇼핑 등 무엇이든 괜찮다.

다만 여기서 주의해야 할 점이 있다. '물리적 행위'를 같이하면서 '느끼는 감정'까지도 서로 좋아야 한다는 사실이다. 특히 상대와 내가 모두 자유로운 아이(FC)로 시간을 보낸다면 격의 없이 장난을 치며 긍정적인 교류를 하기 때문에 더 큰 즐거움을 느낄 수 있다. 발신자가 솔직이 캐릭터로 나온다면 눈높이를 맞춰 솔직이 캐릭터로 받아 주자. 그러면 상대방은 헤어지는 걸 아쉬워할 만큼 당신과의 만남을 좋아할 것이다. 그래서 경험은 '물리적 행위'에 '느끼는 감정'까지 동반된다는 것을 기억하자.

분명 나는 좋은 경험을 함께했다고 생각했는데 그것이 본인의 착각일 수 있다. 상대는 어쩔 수 없이 또는 마지못해 한 것일 수도 있기 때문이다. 겉으로는 같은 물리적 행위를 하지만 각자 안에서 느끼는 감정이 다르다면 그 경험은 서로에게 다르게 기억된다. 그러니 서로가 즐거울 수 있는 경험을 찾아서 함께 즐기는 것이 중요하다.

코로나19로 인해 사회적 거리두기를 해야 할 때는 '화상으로 서로 얼굴을 보며 만나는 것'도 새로운 형태의 만남이라 할 수 있다. 나 역시 지인들과 한 해의 마지막을 랜선 송년회로 마무리했다. 비록 화상이었지만 각자 맥주와 안주를 준비해서 한바탕 송년회 분위기를 내며 이야기를 나누었다. 지인의 반려견이 갑자기 화면 속으로 들어와 서로 웃음을 터뜨리기도 했고, 과거에 있었던 즐거운 추억들을 소환해 이야기꽃을 피우니 솔직이 캐릭터로 소통이 이루어졌다. 나는 지금도 출산과 육아로 인해 만나지 못하는 친구, 잠시 해외에 나가 있는 지인, 지방에

거주하는 지인 등 주변 사람들과 종종 화상을 통해 만남을 이어 가고 있다.

회사에서도 마찬가지다. 리더는 직원들과 어떻게 소통해야 할지 늘 고민한다. 만약 직원의 실수로 회사에 막대한 손해가 생긴다면 직원을 질책해야 할 수도 있다. 이런 상황에서 직원은 상사를 대하기가 어렵고 불편하며, 업무 능률 또한 오르지 않게 된다. 이때 직원에게는 일에 대한 열정과 회사에 대한 애정이 식지 않게 상사와 진솔한 대화를 나눌 수 있는 자리가 있어야 하며 관계를 회복할 수 있는 좋은 경험들이 필요하다. 《요즘 팀장은 이렇게 일합니다》의 저자인 백종화 리더십 코치는 팀원과 편하게 이야기를 나누는 가장 좋은 방법으로 함께 차를 마시거나 점심 식사를 권한다. 이때 팀원이 먹고 싶은 메뉴를 고르게 하는 것이 좋으며 절대 '일' 이야기를 꺼내지 말아야 한다고 조언한다.[10]

앞서 이야기했듯이 같은 '물리적 행위'를 하지만 그때 느끼는 감정이 서로 다르다면 그것은 좋은 경험이 되지 못한다. 팀장은 팀원에게 관심을 표현하고 격려해 줬다고 스스로 만족감을 느끼지만 팀원은 밥 먹다 체할 것 같은 불편함이 들었다면 오히려 역효과가 나기 때문이다.

사는 곳이 멀리 떨어져 있거나 각자의 상황이 여의치 않아 직접 만나기 어려운 경우도 있다. 이럴 때는 전화 통화를 하는 것이 좋다. 전화 한 통이면 일상에서 언제든지 서로 감정을 나누며 소통을 잘할 수 있다. 문자나 메신저가 편리하긴 하지만 '글'로 충분히 표현하지 못하는 다양한 감정이 '목소리'에 담기기 때문에 조금 더 인간적인 소통을 나눌 수 있다.

미국 예일대학에서 흥미로운 실험을 진행했다. 연구진은 목소리의 성별에 따라 뇌가 어떻게 반응하는지를 알아보기 위해 남녀로 구성된 참가자들에게 남성과 여성의 목소리를 모두 듣게 한 후 대뇌활동을 측정 했다. 그 결과, 남성의 목소리를 들었을 때는 언어 중추가 있고 논리적인 생각을 주로 하는 좌뇌에서만 대뇌 활동이 활발하게 이루어졌다. 여성의 목소리를 들었을 때는 좌뇌뿐만 아니라 감성중추가 있는 우뇌도 왕성하게 활동하는 것을 확인했다. 이비인후과 전문의 김형태 원장은 "이러한 결과는 생물학적 차이가 아니라 감정적인 요소에 의해 비롯되었다고 볼 수 있으며 목소리가 감성을 자극해 호감을 일으킬 수 있다는 것을 증명했다."고 말한다.[11]

인간은 태아기부터 부모의 목소리를 듣고 느낄 수 있으며 감정을 공유한다. 나아가 목소리를 통해 그 사람의 심리적, 정신적, 감정적 상태를 파악할 수 있다. 그러니 직접 만나지 못하는 상황에서 전화 연락까지 소홀히 한다면 관계가 서먹해지고 멀어질 수밖에 없다. 특별한 용건 없이 간단히 안부만 물어도 괜찮다. 오히려 용건이 있어서 전화한 것은 목적성이 분명하니 상대에게도 큰 감흥이 없다. 용건이 없는데 생각나서, 안부가 궁금해서 전화했다고 하면 감동일 수밖에 없다.

일상에서 소통능력을 강화할 수 있는 가장 좋은 방법 두 가지만 기억하자. '실제로 만나서 서로 좋은 경험을 함께 하는 것'이고 그다음은 '전화로 목소리를 들으며 대화'를 하는 것이다. 최근에 내가 만난 사람은 누구이고, 누구와 통화를 했는지 생각해 보자. 실제로 자주 만나서 좋은 추억을 쌓은 사람, 통화해서 즐겁게 대화를 나눈 사람과 관계가 더 좋고 그 사람에 대한 친근함과 신뢰감이 있을 것이다. 대체로 내향적인 성격의 사람, 대면 만남이나 소통의 횟수가 적은 사람, 말하는 것을 싫어하거나 말수가 적은 사람이 그렇지 않은 사람보다 소통을 어려워하는 편이다. 그래서 직접 만나거나 전화 통화를 하는 것이 아직 어렵고 불편하다면 문자나 이메일, 메신저, SNS 등으로 비대면 소통을 적극적으로 해 보기를 바란다.

소통을 잘하고, 대인관계가 원만하고, 비즈니스를 잘하는 사람들의 공통점이 무엇인지 아는가? 바로 상대와 만날 기회를 만든다는 것이다. 만날 이유가 없어도 일부러 시간을 내서 만난다. 만날 수 없는 상황이라면 종종 전화를 건다. "나 오늘 약속 있어서 강남에 왔는데 우리 그때 이 근처에서 같이 밥 먹었잖아. 생각나서 전화했어~" "어제 내 꿈에 네가 나왔더라. 보고 싶어서 그랬나 봐. 잘 지내지? 별일 없어?" 이렇게 말이다.

성격이 활달하고 대인관계가 좋은 J 대표님도 내가 운영하는 교육원이 있는 서울 방배, 이수를 지나갈 때면 "대표님, 어떻게 지내세요? 이수역 근처에 볼 일이 있어 왔다가 생각나서 전화했어요~ 시간 있으시면 차 한잔해요."라며 한 번씩 반가운 전화를 주신다. 지나칠 수도 있는데 일부러 전화까지 주시니 나를 신경 써 준다는 생각에 고마운 마음이 절로 든다. 만날 이유가 없어도 '일부러' 시간을 내서 만날 기회를 만드는 것, 만나지 못해도 '흔쾌히' 전화를 걸어 안부를 묻는 것. 별것 아닌 일 같지만 실제로는 어렵고 귀찮은 일이다. 만남과 연락을 차일피일 미루다가 관계가 소원해지는 경우를 많이 본다. 결국 소통을 잘하고 사람과의 관계를 잘 맺는 사람들은 일상에서 이러한 노력을 꾸준히 실천하는 사람들이다.

같은 말도
듣기 좋게 하기

같은 말도 듣기 좋게 하는 사람이 있다. '듣기 좋게' 말하는 것은 '듣는 사람을 배려'하는 일이다. 자신이 하고 싶은 말을 일방적으로 하거나 감정적으로 쏟아내지 않고 상대와의 소통에 중심을 둔다. 이런 사람들의 모습을 관찰하여 어떻게 말을 하는지 연구한 결과들에서 세 가지 공통점을 발견했다.

첫 번째, 듣기 좋게 말하는 사람은 상대를 인정해 주는 말을 한다. 그의 존재 자체를 인정하고 나와 다르다는 것을 인정한다. 나와 다름을 인정하는 것은 똑같은 상황이라도 서로가 얼마든지 다르게 해석할 수 있다는 점을 인정하는 것이다. 이때 그가 틀렸다거나 그의 존재를 부정하지 않고 나의 관점(생각과 의견)을 말할 수 있는 방법이 있다. 덴마크의 심리상담가 일자 샌드Ilse Sand는 상대를 인정하고 상대의 관점도 기꺼이 받아들일 수 있다는 신호로 '내 생각에는' '내가 보기에는' '내 관점에서는'이라는 말로 이야기를 시작하라고 조언한다. 가령 "그때 넌 너무 화가 났었어."라고 말하는 대신에 "나는 네가 화가 났다고 느꼈어."라든지 "넌 항상 머리가 아프다고 하네."가 아니라 "내가 보기에 너는 항상 머리가 아픈 것 같아."라고 말해 보자.[12]

두 번째는 감정을 헤아려 주는 말을 한다. 자신의 감정을 앞세우는 것이 아니라 상대의 감정을 먼저 알아차리고 읽어 준다. 나의 감정과 생각을 섞지 않고 오롯이 상대의 감정 상태로 들어가는 것, 감정이입을 하는 것이 바로 '공감Empathy'이다. 4차 산업혁명 시대와 AI 인공지능 사회가 도래함에 따라 기계가 대체하기 어려운 인간다움, 그중에서도 공감에 대한 관심이 커지고 있다.

"아프냐, 나도 아프다." 2003년 최고 시청률 24%를 기록한 MBC 인기드라마 〈다모〉에서 주인공 윤(이서진)이 채옥(하지원)에게 하는 말이다. 인간의 공감 능력을 잘 보여 준 대사로, 우리는 사랑하는 사람이 아파하는 모습을 보면 같이 아파한다. 슬픔에 빠진 사람을 보면 같이 슬퍼하고, 기뻐하는 사람을 보면 덩달아 기분이 좋아지는 이유는 우리의 뇌는 타인의 행동을 보면 마치 자신이 겪은 것처럼 느끼는 '거울 뉴런Mirror Neuron'이 활성화되기 때문이다.[13] 신경심리학자 콜J. Cole은 타인의 표정을 따라 하지 못하는 사람일수록 타인의 감정을 잘 읽지 못한다는 사실을 밝혀냈다. 타인의 감정을 이해하는 데 거울 뉴런이 중요한 역할을 하는데 상대의 행동과 표정을 관찰하면 거울 뉴런에서 그대로 흉내를 내고 그 신호가 섬과 변연계로 전해져 타인의 감정을 읽을 수 있게 된다고 한다. "너만 힘든 거 아니야." "왜 이렇게 예민하게 굴어?" "참, 속상할 일도 많다." 공감 능력이 부족한 사람은 상대의 가슴에 비수를 꽂는다. "많이 힘들지?" "속상했구나." "얼마나 답답했을까" "정말 뿌듯하겠다!" 이렇게 상대의 감정을 있는 그대로 공감해 주는 사람에게는 더 마음이 열리고 소통이 잘 될 수밖에 없다.

미국의 경제학자이자 미래학자인 제러미 리프킨Jeremy Rifkin은 《공감의 시대》에서 인간이 세계를 지배하는 종이 된 것은 자연계 구성원 중에서 가장 뛰어난 공감 능력을 가졌기 때문이라고 말한다.[14] 이런 인간을 '호모 엠파티쿠스Homo Empathicus'라고 이름 붙였다. 공감 능력이야말로 인간의 본능이자 인간이 타인과 소통하며 더불어 살아가는 사회적 존재임을 보여 준다.

세 번째는 긍정적인 말을 한다. 같은 상황이지만 좋은 측면, 장점, 긍정적인 면을 먼저 보고 그것을 긍정적 언어로 표현한다. 긍정적 언어는 상대의 감정과 태도를 좋은 방향으로 강화시킨다. 예전에 MBC 방송 중 〈마이 리틀 텔레비전〉, 일명 '마리텔'이라는 프로그램이 있었다. 연예인 게스트가 나와 온라인 방송을 하면서 시청들과 실시간 채팅으로 소통을 하는 콘셉트였다. 그 프로그램에 헤어 디자이너 '차홍'이 출연한 적이 있었다. 그녀는 손쉽게 스타일링할 수 있는 헤어스타일을 알려 주면서 시청자들에게 많은 사랑을 받았다. 시청자들은 차홍 디자이너가 말을 참 예쁘게 한다는 피드백을 보냈다. 상대방이 들었을 때 기분 좋은 말을 어쩜 그렇게 잘하는지 당시에 그 프로그램을 즐겨 보던 나도 덩달아 기분이 좋았다.

그녀의 말이 큰 화제를 일으킨 적이 있다. 여느 때처럼 헤어 방송을 하던 중 방송 스태프를 모델로 출연시킨 적이 있었다. 남자 직원은 자신의 인상이 무서워 보여 사람들이 말을 잘 안 건다는 고민을 털어놓았다. 또 한 명의 남자 출연자도 사람들이 자신을 보고 산적이라고 한다며 속상함을 내비쳤다. 만약 당신이라면 두 사람에게 어떻게 말해 주겠는가? 강의 때 이 사례를 들며 청중들에게 질문을 하면 이런 답변이 나온다. "먼저 말을 걸어보세요." "한번 웃어보세요~" 그렇다면, 차홍은 뭐라고 말했을까? "그냥 바라만 봐도 좋은가 보다~" 처음에는 이 말을 듣고 '이게 뭐지? 진심인가?' 이런 생각이 들었다. 그리고 '어떻게 이런 말을 할 수 있을까?'라는 감탄이 흘러나왔다. 인상이 무서운 건 그 사람의 얼굴 생김새다. 미용이나 수술을 통해 인

People ask you for criticism, but they only want praise.

사람들은 곧잘 따끔한 비평의 말을
바란다고는 하지만
정작 기대하고 있는 것은
비평이 아닌 칭찬의 말이다.

● 윌리엄 서머싯 모옴(William Somerset Maugham)

상을 부드럽게 바꿀 순 있지만 그 자체가 본연의 모습이다. 앞서 밝혔던 청중의 대답들은 대부분 그를 바꾸려는 말들이었다. 그러나 차홍의 말은 그 사람을 있는 그대로 인정하고 그것을 긍정적으로 이야기했다.

산적이란 말을 들어서 속상해하는 남자에게는 이런 대답들이 나왔다. "수염을 깎아보시는 건 어때요?" "다이어트를 좀 하세요~ 그럼 더 멋있을 것 같은데~" 어떻게 보면 이런 말들도 그의 모습을 있는 그대로 인정하기보다는 뭔가 더 좋은 방향으로 조언을 해서 바꾸려고 하는 말들이다. 이번에도 차홍의 대답은 어땠을까? "얼마나 멋있어요. 카리스마 있고~" 차홍은 뛰어난 실력을 가진 헤어 디자이너로 그 누구보다 이 두 사람을 멋지게 변신시켜 줄 수 있는 능력이 있는 사람이다. "이런 얼굴형에는 이런 헤어 스타일이 어울리지 않아요. 이목구비에 맞게 이렇게 바꾸면 더 멋있어질 거예요~" 전문가 입장에서 충분히 조언을 할 수 있음에도 불구하고 출연자들의 모습을 있는 그대로 인정하고 상대가 듣기 좋게 긍정적으로 말해 주었다.

긍정적인 말을 잘하는 또 다른 사람으로는 대한민국 최고의 에너지코치로 불리는 곽동근 소장이 있다. '긍정+긍정'으로 질문하는 기술은 그가 강의 때 자주 사용하는 기술 중 하나이다. 보통은 "여러분, 많이 웃고 살면 좋을까요? 안 좋을까요?"라고 묻는 것이 일반적인데 그는 "여러분, 많이 웃고 살면 좋을까요? 아~주 좋을까요?" "행복한 사람들은 감사를 많이 하는 사람들일까요? 아~주 많이 하는 사람들일까요?"라고 긍정에 긍정을 더해서 질문한다. 평범한 인사가 아닌 수식어를 넣은 인사로 상대를 기분 좋게 만들기도 한다. 가족에게 전화가 오면 그냥 "여보세요?"라고 받는 것이 아니라 "존경하는 아버지!" "낳으실 제 괴로움 다 잊으시고 기르실 제 밤낮으로 애쓰신 어머니!" "안 나가서 그렇지, 나갔다 하면 슈퍼모델! 사랑하는 여동생아~" "먹었다 하면 밥 한 그릇 뚝딱인 우리 딸~!"[15] 이렇게 말이다. 너무 오버하는 거 아닌가 싶기도 하고 처음에는 쑥스럽고 어색하게 들릴지 모르지만 이런 말 한마디가 사람을 기분 좋게 만들고 힘을 북돋아 준다. 가족뿐만 아니라 직장 동료나 지인들에게도 다양한 긍정의 수식어를 준비해서 만났을 때 전화나 문자, 이메일로 색다른 인사를 건네 보자.

이처럼 같은 말도 듣기 좋게 말하는 것은 상대를 배려하는 일이며 양육적인 부모(NP)로 상대를 관대하고 온화하게 대할 때 가능하다. 소설가 마크 트웨인Mart Twain은 "좋은 칭찬을 한 번 듣는 것만으로도 나는 두 달을 살 수 있다."고 했다. 같은 말도 듣기 좋게 말하는 것은 결코 상대에게 아첨을 떨거나 가식적인 말을 하는 것이 아니다. 인정하는 말과 감정을 헤아리는 말, 긍정적인 말로 상대와 마음을 나누는 일이며, 나아가 내가 속한 조직과 세상을 더 아름답고 풍요롭게 만드는 일이다.

진정성 있게
사과하기

2014년 12월 일명 '땅콩회항 사건'으로 대한민국이 떠들썩했다. 당시 조현아 前대한항공 부사장은 뉴욕발 비행기 일등석에서 마카다미아를 봉지째 가져다준 승무원의 객실 서비스를 문제 삼으며 난동을 부렸다. 급기야 이륙하기 위해 활주로로 이동 중이던 항공기를 되돌려 사무장을 하기下機시키면서 램프리턴Ramp Return, 항공기를 다시 탑승구로 되돌리는 일에 대한 항공법 저촉 여부 등으로 국제적인 논란을 일으켰다.

2018년에는 조현민 現한진그룹 부사장이 광고 대행업체와의 회의 자리에서 대행사 직원에게 물을 뿌린 '물컵 사건'으로 또다시 국민적 질타를 받았다. 결국 부친 故조양호 회장이 공식 사과문을 발표했지만 사과의 주체, 내용, 태도를 볼 때 진정성이 없는 사과문이라 비난을 받았고, 사태는 진정되지 않았다.

우리가 특히 말조심을 해야 할 때가 바로 이런 실수나 잘못을 저질렀을 때이다. 인간은 완벽한 존재가 아니기 때문에 살면서 누구나 한 번쯤은 실수를 하게 된다. 길을 가다가 무심코 상대의 발을 밟거나 어깨를 치는 일상의 작은 실수부터 사회적으로 공분을 일으키는 중대 잘못까지. 실수를 하면 평소보다 말 한마디를 조심히 하고 신중히 해야 한다. 적절한 사과謝過를 하지 않으면 문제는 더욱 심각해지고 후폭풍이 일어난다.

하버드대학교 정신의학과 교수를 거쳐 매사추세츠 의과대학 학장을 지낸 아론 라자르Aron Lazare는 그의 저서 《사과 솔루션》에서 사과의 과정을 4단계로 제시한다.[16] 1단계는 인정이다. '제가 어떤 잘못을 했건'이라고 애매한 인정을 하거나 '잘못이 있을 수 있습니다.'라는 수동적인 표현을 하거나 '만일 실수가 있었다면'이라고 조건부 설정을 한다면 그것은 잘못을 인정하지 않는 것이다. '크게 사과할 일은 아니지만' '피해를 줬다니 유감입니다.'처럼 잘못을 축소하거나 교만한 태도를 보여서도 안 된다. 정직하고 공개적인 태도로 잘못을 인정해야 한다.

2단계는 후회이다. 다시는 되풀이하지 않겠다는 뉘우침과 그에 걸맞은 각오, 자기 잘못에 대한 부끄러움의 표현, 피해자보다 우월하지 않다는 겸손한 태도를 통해서 진심으로 후회하는 모습을 보여야 한다.

3단계는 해명이다. 잘못이 벌어진 배경과 이유를 상대에게 상세하게 설명해 주어야 한다. 단, 1단계 인정과 2단계 후회의 과정이 충분히 이루어져야만 상대가 해명을 들을 수 있는 마음의 여유가 생긴다. 이때 눈 가리고 아웅 하는 식의 얄팍한 변명이나 자기 합리화는 도리어 악영향을 준다. 변명은 해명이 아니다. '변명의 여지가 없다.'는 진정성 있는 태도가 상대의 마음을 누그러뜨릴 수 있다.

4단계는 배상이다. 물적, 정신적 피해를 갚아야 한다. 잘못을 인정하고 후회하고 책임을 느끼고 있다면 상대의 요구에 맞추어 신중하고 확실하게 배상해야 한다. 앞서 4단계 사과의 과정을 보았듯이 사과는 사실 우리가 생각하는 것보다 힘들고 복잡하다. 할 수만 있다면 회피하고 싶은 것이 솔직한 심정일 것이다.

《진실한 사과는 우리를 춤추게 한다》라는 책에는 회피 대신 정면 승부로 진심 어린 사과를 건넨 링컨의 일화가 나온다.[17] 미국이 남북전쟁을 하던 당시, 어느 날 수도방위 경비를 담당하던 스콧 대령이 링컨 대통령을 직접 찾아왔다. 스콧 대령의 아내가 아픈 남편을 간호하러 워싱턴에 왔다가 집으로 돌아가는 길에 불의의 사고로 사망한 직후였다. 대령은 슬퍼하는 아이들을 위로하고 아내의 장례식에 참석하기 위해 연대장에게 휴가를 신청했지만 전쟁 상황이 급박했던 터라 받아들여지지 않았다. 스콧 대령은 이에 굽히지 않고 군대의 위계질서를 어기며 국방장관에게 직접 휴가를 요청했지만 역시 거절당하고 급기야 링컨 대통령을 직접 찾아가게 된 것이다. 스콧 대령은 링컨 대통령에게 자신의 사정을 설명했지만 링컨 대통령은 말이 끝나기가 무섭게 불같이 화를 냈다. 스콧 대령은 크게 좌절하여 자신의 막사로 돌아갔다. 그런데 다음 날 아침, 링컨은 스콧의 막사를 찾아와 이렇게 말했다. "스콧 대령, 어제 일은 정말 할 말이 없네. 밤새 후회하면서 뒤척이다가 용서를 청하러 왔네. 내가 어제 심신이 너무 지쳐 있었어. 그렇다고 해도 국가를 위해 헌신하고 아내를 잃어 실의에 빠진 사람을 그렇게 험하게 대해서는 안 되는 것이었네." 링컨 대통령은 진심으로 사과했다. 그러고 나서 스콧 대령이 아내의 장례식에 갈 수 있도록 조치를 취하고 대령을 자신의 마차에 태워 친히 포토맥 증기선 부두까지 배웅해 주었다. 링컨은 가장 먼저 자신의 잘못을 인정했고, 자신의 말과 행동에 대해 크게 후회했다. 그리고 몸과 마음이 지쳐서 그렇게 행동했음을 해명하고 마지막으로 대령을 마차에 태워 부두까지 배웅하고 장례식에 갈 수 있도록 조치를 취했다. 놀랍게도 링컨은 아론 라자르 교수가 말한 4단계 사과를 그대로 지켰다.

최근에 내가 만난 사업가 한 분은 사업상 일 처리에 문제가 발생해 거래처 담당자에게 실수를 한 일로 몹시 괴로워했다. 자신의 실수로 거래처 담당자의 입장이 곤란해진 상황이었는데 담당자가 자신을 몰아세우자 갑자기 짜증이 났다는 것이었다. 전적으로 자신의 실수였기에 곧바로 인정하고 사과하면 될 일이었는데 그 순간 자신이 감정적으로 반응하는 바람에 두 사람 모두 좋지 않은 기분으로 상황이 끝나버렸다고 한다. 뒤늦게 자책하며 후회하는 모습을 보니 안타까운 마음이 들었다.

이런 일들은 우리 주변에서도 흔하게 일어난다. 사과의 1단계, 잘못을 인정하는 것부터가 이렇게 쉽지 않다. 이런 상황에서 자아상태는 상대를 탓하는 통제적인 부모(CP)가 될 때도 있고 마지못해 사과하는 순응적인 아이(AC)이거나 발끈하며 감정적인 태도를 보이는 자유로운 아이(FC)일 때도 있다. 그러나 사과는 이성적인 어른(A)이 되어 상황을 객관적으로 바라보고 행동해야 한다. 링컨의 사례에서 보았듯이 잘못이나 실수를 했다면 팀장이 팀원에게 사과할 수도 있고, 고객이 종업원에게 사과할 수도 있으며 부모가 아이에게 사과할 수도 있는 것이다. 사과는 갈등과 위기를 해소하고 관계를 회복시키는 가장 강력한 도구이며, 잘못을 인정하고 책임을 지는 용기 있는 행동이자 세상에서 가장 겸손한 행위라는 사실을 기억하자.

기분 나쁘지 않게
부탁하기

'택배기사님, 안녕하세요. 오늘은 재택근무 중입니다. 혹시 도착하셔서 물건을 전달해 주실 때 문을 두드리거나 초인종을 누르지 않으면 감사하겠습니다. 물건은 문 앞에 놓고 가세요. 오늘도 건강한 하루 보내세요!' 동료 강사의 SNS에서 이런 글을 보았다. 전국을 누비며 수십 명, 수백 명 많은 사람 앞에서 강의하던 동료들이 이제는 집에서 비대면 화상 강의를 하는 일이 일상이 되었다. 직장인들도 근무 환경의 변화로 화상 회의를 하고 등교가 중단된 아이들은 집에서 화상 수업을 듣는다. 예전 같으면 가족들이 각자 회사와 학교에 가고 낮 시간대에는 집이 조용했는데 이제는 온 가족이 한 집에 머무른다. 외출이나 외식

대신 집에 있는 시간이 많아지니 자연스레 배달 서비스도 자주 이용하게 된다. 코로나19 발생 이후 온라인 쇼핑 등의 비대면 소비가 늘어나면서 2020년 국내 택배 총 물량은 33억 7천만 개로 전년 대비 20.9퍼센트 증가했고 2021년 5월 통계청 발표에 따르면 전년 같은 달보다 음·식료품 주문이 47.1퍼센트 늘고 음식 배달서비스도 60.6퍼센트 증가했다고 한다.[18] 출근이나 등교를 하지 않고 주로 집에서 이런 상황이 이루어지다 보니 가족들의 협조가 필요한 일이 많아졌다.

집에서 화상 강의를 진행하는 K 씨. 저녁 시간에 강의가 잡히는 바람에 가족들을 챙겨 주지 못해 미안한 마음이다. K 씨는 남편에게 애들을 챙겨서 저녁을 차려 먹으라고 부탁한다. "여보, 나 오늘 저녁에 화상 강의하는 거 알지? 당신이 애들 밥 좀 챙겨 줘." 만약 당신이 남편이라면 어떤 기분이 드는가. 아내가 이 상황에 대해 스스로 짜증을 내거나 언짢은 말투로 말을 한 것은 아니다. 그렇지만 무미건조하고 사무적인 태도에 어떠한 애정이나 인간미가 느껴지지 않는다. '저녁에 화상 강의를 한다.'는 객관적인 사실과 '애들 밥 챙겨 줘라.'는 요청만 건넸기 때문이다(이것도 상대에게는 지시와 통보로 느껴질 수 있다). 혹은 "엄마 안에서 화상으로 강의할 거니까, 이 방에 들어오면 안 돼. 들어오면 혼나!"라고 아이에게 공포심을 주었는지도 모른다.

부탁은 내가 원하는 것을 상대가 기꺼이 응했을 때 성사된다. 그러려면 내가 원하는 것을 '명확하게' 말하고, 상대가 '기꺼이' 응해줄 수 있도록 말해야 한다.

명확하게 말하지 않으면 내가 기대한 것과 다른 결과가 나온다. 상대가 기꺼이 응해줄 수 있도록 말하지 않으면 서로 감정이 상하기도 한다. 따라서 부탁이 잘 전달될 수 있게 소통 방식을 중요하게 여겨야 한다.

그런데 보통 우리는 내가 원하는 것은 상대에게 잘 말하는데 상대가 기꺼이 내 부탁을 들어줄 수 있도록 말하는 방법에는 신경을 쓰지 않는다. 그래놓고 내 뜻대로, 내가 원하는 대로 안 되면 상대와 소통이 안 된다고 결론지어 버린다. 만약 상사와 직원, 부모와 아이의 관계에서처럼 상대의 부탁에 응하지 않았을 때 어떠한 피해나 처벌을 받게 될 것이 예상된다면, 이 것은 위계나 위력에 의해 '어쩔 수 없이' 상대가 응한 것으로 이 때의 부탁은 강요가 된다. 내가 그동안 해왔던 것이 강요였는지, 부탁이었는지 다시 한번 생각해 보면 좋겠다.

K 씨의 이야기로 다시 돌아와 보자. 만약 남편이 K 씨가 '사실과 요청'만을 말하는 태도에 서운함을 느끼거나 화를 낸다면 K 씨가 이렇게 나올 수도 있다. "당신은 혼자서 밥도 못 차려 먹어? 애는 뭐 나 혼자 낳았어? 내가 다 챙겨야 돼? 나 지금 바

빠 죽겠는데 도와주지는 못할망정! 자기는 손이 없어, 발이 없어? 당신은 어쩜 그렇게 한 번도 안 도와주더라?" 나의 입장과 상황을 상대가 이해해줘야 한다는 당위성을 강요하며 상대를 탓하고 훈계하는 통제적인 부모(CP)가 되어 명령조로 거친 말을 쏟아 낸다. 이렇게 말하면 상대는 해 주고 싶은 생각이 추호도 안 생긴다. 내가 원하는 것을 명확하게 이야기하면서 상대가 기꺼이 응해줄 수 있도록 하려면 어떻게 말해야 할까?

일단 상대가 내 부탁을 들어줄 수 있는 마음 상태인지 살펴야 한다. 사람은 마음이 편안할 때 평소보다 조금 더 너그러워진다. 그리고 양육적인 부모(NP)가 되어 나를 이해해 주고 도와주고 싶어 하는 마음이 들어야 한다. 그렇지 않은 마음 상태라면 내가 유연하게 소통을 해야 한다.

우리 속담에 '우는 아이에게 젖 준다'는 말이 있듯이 때로는 자유로운 아이(FC)처럼 어리광을 피우거나 살짝 투정을 부리는 것도 좋다. "여보~ 어쩌지~ 미안해~ 나도 같이 밥 먹고 싶은데~ 아쉽다. 속상하네 진짜! (아쉬운 표정을 지으며) 하필이면 이때 강의가 생기고 말이야!" 강의 때 이런 이야기를 하면 "강사님, 저는 애교가 없어요~" "부끄러워서 그렇게 어떻게 해요. 못하겠어요~"라고 얘기하는 분들도 있다. 징징거리거나 떼를 쓴다든지 과하게 애교를 부리라는 것이 아니다. 상대가 나를 조금 안쓰럽게 연민을 느낄 정도면 된다. 그러면 상대는 "알겠어, 뭐

어때 괜찮아. 내가 알아서 애들하고 차려 먹을게. 밥은 먹고 하는 거야?"라며 양육적인 부모(NP)로 받아 줄 수 있다.

'Emotion(감정)'은 1579년경 'To Stir Up(강한 감정 따위를 불러일으키다, 각성시키다)'을 뜻하는 프랑스어 'émouvoir'에서 나온 말이다.[19] 라틴어 어원을 살펴보면 '움직인다'는 의미와도 관련이 있다. 감정과 동기Motive는 둘 다 '움직이다'를 뜻하는 라틴어 'Movere'에서 파생된 단어다. 이렇게 보면 감정은 나로부터 나가 움직이는 것이며 상대를 움직이게 하는 것이다. 누군가의 마음을 움직이고 싶다면 감정을 잘 다루고 표현해야 한다. 부탁할 때도 상대가 처음부터 단박에 거절하거나 버럭 화를 내며 기분 나쁘게 나오는 사람은 없다. 소통은 서로 주고받는 상호작용이며, 상대가 이렇게 나오면 내가 이렇게 하겠다는 조건부를 내세우지 말아야 한다.

'오는 말이 고와야 가는 말이 곱다'가 아니라 '가는 말이 고와야 오는 말이 곱다'라는 말을 되새기면서 내가 먼저 다가가는 노력이 필요하다. 이렇게 말해 보면 어떨까. "여보, 미안한데 내가 온라인 강의가 저녁 8시까지 있어서 같이 저녁 못 먹는데 나 좀 도와줄 수 있어? 당신도 피곤할 텐데 오늘은 당신이 저녁 차려서 애들하고 같이 먹어요. 반찬은 냉장고에 다 있어. 내가 차려 주고 싶은데 상황이 안 되니 속상하네. 내일은 당신이 먹고 싶은 걸로 내가 요리해 줄게!" 양육적인 부모(NP)로 남편의 입장과 감정을 어루만져 주며 당신에게 신경 쓰고 있다는 것을 표현하고 이성적인 어른(A)이 되어 내가 원하는 것을 명확하게 말해 주는 것이다. 그렇다면 남편도 '어차피' 해야 되는 일을 '기꺼이' 해 주게 된다.

내가 원하는 것을 얻기 위해 상대에게 강요하고 상대의 행동을 바꾸려고 한다면, 내가 원하는 대로 되지도 않고 결국 상대를 비난해 버리고 만다. 서로 감정이 상하고 관계만 악화될 뿐이다. 부탁은 강요가 아니라는 것, 그리고 '어쩔 수 없이'가 아니라 상대가 '기꺼이' 부탁을 들어 줄 수 있는 유연한 소통이 우리 관계도 유연하게 만든다.

세대 차이 인정하고
다르게 말하기

전국의 보건소, 보건의료원, 건강지원센터에 근무하시는 분들을 대상으로 소통 강의를 했을 때의 일화이다. 20대 직원 몇 명 외에는 참석자의 70퍼센트가 30~40대였고 20퍼센트가량이 50대였다. 이들에게 소통이 가장 어려운 대상이 누구인지를 물었다. 미취학 아동에서부터 초중고 학생, 청년, 임산부, 장애인, 노인, 환자의 보호자, 동료 등 다양한 답변들이 나온 가운데 '어르신'이라는 대답이 압도적으로 많았다. 특히 어르신들과 소통이 어려운 이유로 '고집이 세다.' '자기주장이 강하다.' '보수적이다.' '남의 말을 듣지 않는다.' '자기중심적이다.' '대화가 안된다.' '본인들이 갑ᄈ이라고 생각한다.'라는 의견이 대다수였다.

'말귀를 잘 못 알아들어서 답답하다.'는 대답도 있었다.

그들이 꼽은 이유를 보면 교류분석에서 말하는 인간의 다섯 가지 성격 가운데 한 가지가 딱 떠오르지 않는가? 바로 통제적인 부모(CP)이다. 우리는 누구나 수평적이고 평화적인 소통을 원하는데 현실은 그렇지 않은 경우가 많다. 세대 차이가 나는 어르신들과 소통하는 건 사실 쉽지 않다. 각 세대가 겪어 온 일련의 경험들이 다르고 서로 다른 관점으로 인식하기 때문이다. 세대 차이가 나서 생각하는 것도 다르고, 신체적인 기능도 떨어진 상태이기에 말을 잘 못 알아듣기도 한다.

나이가 들수록 체력이 떨어지고 귀가 어두워지는 것은 자연스러운 노화 현상이다. 노인이 되면 새 일자리를 구하기 어렵고, 개인 상황에 따라 다르지만 경제 능력도 좋지 않다. 한창 왕성하게 활동하던 때와는 모든 면에서 능력이 떨어진다. 이런 상황에서 다가오는 이와 찾는 이가 없으니 더욱 의기소침해질 수밖에 없다.

그렇기 때문에 자신을 방어하기 위해 더 강하게 나오는 것도 있다. 이런 통제적인 부모(CP)로 나오는 어르신들에게 똑같이 강경하게 나가면 말싸움만 나고 일만 커진다. 아무리 이성적으로 말한다고 한들 통하지 않는다. 이런 분들에게는 일단 순응하는 아이(AC)로 다가가야 한다. 어르신의 고집이나 주장을 거스르지 않고 먼저 인정하고 수긍하는 태도를 보여 줘야 그들과 소통할 수 있는 여지가 생긴다. 어르신들의 마음이 열리고 심리적인 안정감을 느낀 다음에 자유로운 아이(FC)와 이성적인 어른(A)으로 친근하게 대화를 해 나가야 한다.

"인간은 배고파서 죽지 않는다. 외로워서 죽는다."는 임경남 시인의 말이 떠오른다. 가정과 사회에서 외롭고 소외된 어르신들은 자신을 잘 따르고 다가오는 사람을 좋아한다. 자유로운 아이(FC)로 손자 손녀처럼 살갑게 다가가면 정말 친손주처럼 예뻐해 주신다. 방송 리포터를 하던 20대 시절에 노령인구가 많은 지역이나 노인복지관에 찾아가 어르신들을 인터뷰했을 때 소통을 잘할 수 있었던 것도 이 방법 덕분이다. 관광지로 여행을 가거나 재래시장에서 장을 볼 때, 노년층을 대상으로 강의를 할 때도 늘 즐겁게 소통할 수 있었다.

한 번은 귀가 잘 안 들리는 시아버지와 소통이 힘들다고 토로하는 분을 만났다. 밖에서 열심히 일하고 귀가했는데 집에 와서 같은 말을 여러 번 반복해야 할 만큼 알아듣질 못하시니 답답하고 지친다는 것이다. 여기서 중요한 것은 '상대의 귀가 잘 안 들린다는 점'이다. 나이 들면 귀가 안 들리는 게 당연한 거고 보청기를 껴야 할 때도 있다. 이러한 상태에서 반복적으로 말한들 소용이 없다. 본인만 힘들다. 이럴 때는 양육적인 부모자아(NP)로 상대를 따뜻하게 배려하면서 조금 더 천천히 크게 말해 주거나 아니면 종이에 하고 싶은 말을 쓰거나 문자를 보내는 방법이 좋다. 소리를 크게 질러야 하는 것이 아니라 상대와의 정확한 의사소통이 중요하다.

"제가 몇 번을 말해요! 왜 이렇게 못 알아들으세요?!"라고 강하게 다그치면 상대가 욱해서 화를 낼 수도 있고, 반대로 완전히 의기소침해져 대화를 거부할 수도 있다. 귀가 안 들리는 사람한테 짜증 내고 화를 내면 본인만 답답하고 화병이 난다. 우리가 신생아에게 걷고 뛰는 것을 기대하지 않는 것처럼 신체 능력이 떨어지는 어르신들에게도 큰 기대를 걸어서는 안 된다. 조금 더 너그러운 마음의 양육적인 부모(NP)로 상대를 이해하고 도움을 주려는 노력이 필요하다.

국가보훈처에서 퇴직 예정자를 대상으로 강의를 한 적이 있는데, 은퇴를 하면 그동안 쥐고 있던 사회적 위치와 권력을 내려놓게 되고 사회적 위치가 없어지기 때문에 자존감이 많이 떨어지고 위축된다는 이야기를 들었다. 은퇴뿐만 아니라 오랫동안 구직활동을 하거나 실직을 했을 때와 같이 우리는 살면서 누구나 힘든 시간을 겪는다. 그 시간을 혼자 감당하고 이겨내는 건 정말 힘든 일이다. 그때 누군가의 따뜻한 말 한마디와 배려가 그 시간을 버티고 다시 일어설 수 있게 하는 힘이 된다.

때로는 세대 차이 나는 손윗사람이 말을 너무 장황하고 지루하게 하여 대화를 끊고 싶은데 실례가 될까 그렇게 하지 못

People always fancy that we must become old to become wise,
but in truth, as years advance,
it is hard to keep ourselves as wise as we were.

사람들은 현명해지려면
나이를 먹어야 한다고 말하지만,
사실 사람은 나이가 들면 예전과 같은 현명함을
유지하기란 매우 어렵다.

● 괴테(Goethe)

하는 경우도 있을 것이다. 말 허리를 자르는 것은 상대에 대한 예의가 아니고 자칫 기분을 불쾌하게 만들 수도 있다. 하지만 혼자서 계속 말하게 두면 듣는 사람은 지치고 힘들게 된다. 이럴 땐 이런 방법을 쓰면 좋다. 우리는 어떤 것에 대해 말을 할 때 '시작' '과정' '결과' 순으로 이야기한다. 상황을 봐서 중간에 전개식 질문으로 대화를 빠르게 이어 가는 방법이 있다. "아~ 그래서 다음은 어떻게 됐어요?" "결론은 어떻게 됐어요?" 이런 추임새는 대화 전개를 빠르게 진행시킬 수 있다. 예를 들면 평범한 직장생활을 하다가 은퇴하고 시니어 모델을 하는 사람과 대화를 하고 있다고 가정해 보자. "어떻게 모델을 준비하신 거예요?"라고 계기를 물었는데 상대의 말이 길어지고 장황하면 "언제부터 모델 학원을 다니신 거예요?" "가족들 반응은 어땠어요?" "앞으로 어떤 활동을 하는 거예요? 미리 사인 좀 받아야겠네." 이렇게 중간에 질문으로 추임새를 넣으면서 조금 더 이야기의 전개를 빠르게 유도해 보자.

노인 심리학 전문가 데이비드 솔리David Solie는 "어르신과 소통할 때는 그들을 '퇴화'가 아닌 '노화'의 관점으로 바라봐야 한다."고 말한다. 모든 면에서 특히 말과 행동이 느리다는 것을 인정해야 하고, 일관성 없는 말이나 지루한 이야기를 반복하는 것도 그들의 행동 특성으로 이해해야 함을 강조한다.[20] 그러니 '퇴화'의 관점에서 가치가 없는 존재로 치부할 것이 아니라 '노화'의 관점에서 그들의 현재 모습을 이해하며 소통하자. 그들에게 삶의 의미를 상기시키고 존중할 수 있는 아래의 질문들을 적절히 활용하면 조금 더 진실한 대화를 나눌 수 있을 것이다.

예시

가장 좋았던 어렸을 적 기억은 뭐가 있으세요?

어린 시절에는 세상이 어땠나요? 지금과 많이 다르잖아요.

조부모님은 어떤 분이셨어요?

어떤 점이 아버지/어머니와 닮으셨나요?

어린 시절에 꿈이 뭐가 있으셨어요?

학창시절 가장 친했던 친구는 누구였나요?

배우자는 어떻게 만나셨나요?

인생에서 가장 행복했던 시간은 언제였나요?

인생에서 내가 이룬 업적은 무엇이라고 생각하세요?

살면서 가장 감사한 것은 무엇인가요?

인생에서 무엇이든 바꿀 수 있다면 무엇을 바꾸고 싶나요?

통계청에 따르면 2025년 한국 65세 이상 인구는 20.3퍼센트까지 늘어 초고령 사회가 된다. 그러나 보건복지부의 2017년 노인인권실태조사를 보면 '젊은 세대와 대화가 통하지 않는다.' 는 노인이 절반 이상(51.5퍼센트)이다. 젊은 세대와 갈등이 심하

다고 생각하는 비율도 44.3퍼센트였다. 젊은 세대는 10명 중 9명이 노인과 소통이 어렵다고 답했다.[21] 노년 세대와의 단절은 사회적 갈등의 불씨가 될 수 있음을 보여 주는 대목이다. 노년층을 이해하고 소통을 해 나가려는 노력은 결국 우리 사회에 큰 의미를 던져 준다.

사춘기 기다려 주고
포용하기

발달단계를 보면 사춘기에 들어선 아이는 주관이 생기면서 부모의 말을 잘 듣지 않게 된다. 초중고 학생들을 대상으로 스피치 코칭을 하기 전에 제일 먼저 부모님과 여러 가지 이야기를 나누는데 이때 학교와 집에서의 평소 아이 모습에 대해 많은 이야기를 듣게 된다. 그러면서 자연스레 자녀와의 소통 문제에 어려움을 털어놓으신다. 우선 아이와 어떤 갈등이 있는지, 현재 상황이 어떠한지 충분히 이야기를 들어 보는데 대부분 부모의 소통방식이 잘못된 것을 발견할 수 있었다. 그러면 나는 아이가 어렸을 때 부모가 했던 갑질을 지금 그대로 당하는 것이라고 단호하게 말씀드린다.

갑질이란 계약 권리상 쌍방을 뜻하는 갑을^{甲乙} 관계에서 상대적으로 우위에 있는 '갑'에 특정 행동을 폄하해 일컫는 '~질'이라는 접미사를 붙여 부정적인 어감이 강조된 신조어이다. 갑질은 상대적으로 우위에 있는 자가 우월한 신분, 지위, 직급, 위치 등을 이용하여 상대방에게 무례하게 행동하거나 이래라저래라 하며 제멋대로 구는 행동을 말한다.

부모가 아이에게 갑질했다는 말이 다소 과격한 표현일 수 있다. 하지만 한 번 생각해 보자. 부모와 자녀 관계를 갑을로 따졌을 때 부모는 명백히 갑^甲이다. 아이가 어릴 때는 혼자서 아무것도 못 하기 때문에 먹이고, 씻기고, 재우는 등 모든 것을 아이 대신 해 준다. 걷지도 못하고 움직이지도 못하니 모든 것을 부모가 다 해 주고 책임도 져 준다. 신체적으로, 정서적으로, 경제적으로 모든 것을 다 지원해 준 것이다. 그런데 아이가 중학생 정도가 되면 어떤가? 몸도 변화하고 자기 생각이란 게 생긴다. 어렸을 때는 모든 걸 부모에게 보호받고 지원받는 상황이었기 때문에 어쩔 수 없이 부모의 의견을 따른 것이다. 그 시기에 "공부해야지! 너 어떻게 하려고 이러니?" "성적이 이게 뭐야? 너 비싼 돈 들여서 학원 보내 놨더니 뭐 하고 다닌 거야!?" 이렇게 부모가 비판적이고 통제적인 부모(CP)가 되어 지시와 명령조로 아이를 대했다면 그 반발심이 이 시기에 폭발한다.

아이는 부모만큼 몸도 커지고 주관이 확고하고 마음대로

다시 손을 내밀어야 하는 건
언제나 부모다.

● 오은영

자유자재로 돌아다닐 수 있다. 아르바이트를 하면서 조금씩 돈을 벌 수도 있다. 즉 부모의 도움 없이도 스스로 생활할 수 있는 성인에 가까운 단계가 된다. 그래서 어렸을 때 부모에게 당했던 갑질이 쌓이고 쌓여 이 시기에 폭발하게 되고 부모에게 똑같이 갑질을 하는 것이다. 아이는 통제적인 부모(CP)가 되어 부모님을 탓하고 지적하고 도를 넘어 훈계까지 한다.

최근에 코칭을 받았던 분 중에 중학생 아들을 둔 학부모가 있었다. 이 분은 양육적인 부모(NP)가 지나치게 강해서 아이를 과잉보호하며 키웠는데, 아들은 지금까지 부모에게 대들며 반항을 해 본적이 없었다고 한다. 그런데 어느 날 아들 방에 들어갔다가 주먹으로 벽을 친 흔적을 보았고 충격을 받았다고 했다. 그럼 앞으로 어떻게 해야 할까? 지나친 관심과 애정으로 아이를 과잉보호했던 것에서 이제는 어른자아(A)로 아이를 동등한 인격체로 바라보는 합리적인 태도를 가져야 한다. 그리고 사실 아이에게 강압적으로 대했던 부모라면 자신의 지난 행동을 돌아보고 그때 일을 고스란히 되돌려 받는 것이라 생각하며 겸허히 받아들여야 한다.

아이가 말을 안 듣고 반항을 하는 시기에는 자유로운 아이(FC)의 양면성에서 부정적인 면이 강화돼 제멋대로 굴고 자기중심적이다. 이때는 부모가 충분히 기다려 주고 모든 것을 품

어줄 수 있어야 한다. 부모가 아이의 말에 경청하고 배려하고 진심으로 걱정하면서 양육적인 부모(NP)가 되어야 한다. 이 상황에서는 이성적인 어른(A)이 되어 옳은 말을 하는 것도 상황을 악화시킨다. 통제적인 부모(CP)가 되어 단호한 태도로 심한 잔소리를 하거나 혼내거나 강요를 하면 상황은 더욱 심각해지고 극단적으로는 가출을 감행하는 방식으로 부모와의 관계를 끊을 수도 있다. 그 사태로 번지기 전에 나의 지난 갑질을 인정하고 사죄하는 마음으로 아이를 보듬어 주면서 기다리자. 시간이 지나 서로 이성을 되찾고 차분해졌을 때 합리적인 방법, 아이에게 도움이 될 수 있는 방법을 제안해 주면서 대화를 풀어가는 것이 중요하다.

사춘기 시절의 아이들이 가출하는 뉴스를 종종 접하게 된다. 아이들은 왜 가출을 할까? 질문을 바꾸어 '아이들이 왜 가출을 감행할 수밖에 없었을까?'를 생각해 보자. 여러 이유가 있겠지만 근본적으로 부모님이 내 마음을 알아주지 않고 말이 안 통하기 때문이다. 부모와 아이가 제대로 대화를 나눈 시간이 얼마나 될까? 아마 서로 함께했던 시간도 별로 없고 즐거웠던 추억도 없을 것이다. 그러니 관계는 좋지 않고 부모의 잔소리는 쌓이고 쌓여 결국 아이는 어느 순간 귀를 막고 입을 막아 버렸을 거라 생각한다.

부모는 언제나 나를 믿어 주고 기다려 주는 사람이며, 잘못을 용서해 주고 따뜻하게 안아 주는 사랑과 신뢰가 있다면 갈등이 있어도 가출까지 감행하지 않는다. 그런데 가출을 감행했다는 것 자체는 이미 집이 나에게 안전지대가 아니고 부모님은 나를 보호해 주는 존재가 아니라고 판단했기 때문이다. 부모님에게 받지 못한 인정과 사랑을 외부에서 찾고 도움을 요청하려는 것이다. 가정이 아이들에게 든든한 사회적 안전망이 되어야 하는데 그런 역할을 하지 못하기 때문에 집에서 나오는 것이다. 집을 나온 아이들은 외부에서 도움을 찾다가 나쁜 길로 빠지고 범죄의 타깃이 되고 부정한 사건에 휘말리게 된다.

아이의 역™ 갑질을 감내하면서 기다려 주는 시간이 필요하다. 충분히 기다려 주면서 따뜻한 말과 태도로 아이의 마음을 어루만지고 풀어 줘야 한다. 때로는 그 상황에서 느끼는 부모로서 솔직한 감정을 자유로운 아이(FC)가 되어 토로할 수도 있다. "네가 이렇게 행동하고 말할 때마다 엄마는 너무 불안하고 걱정 돼. 엄마도 지금 마음이 너무 아프고 힘들어." 이렇게 말이다.

"저는 우리 아이를 옆집 아이라고 생각하면서 키워요."라고 말하는 분을 봤다. 얼마나 힘들면 엄마 입에서 이런 말이 나올까. 그렇게 생각하면서 키우니까 많이 참게 된다고 이야기를 한다. 3자 입장에서 아이와 상황을 객관적으로 보자는 의미로

그렇게 말하는 의도는 충분히 이해가 된다. 그런데 여기서 잠깐 자신의 사춘기를 떠올려 보자. 그때의 나는 어땠는지 그 시절로 돌아가 자녀를 이해하는 시간을 가지면 좋겠다. 그리고 부모로서 서툴렀던 시절에 아이에게 했던 행동과 말을 돌아보며 어른으로서 아이에게 용서의 손을 내밀어 보자.

'육아대통령'으로 불리는 정신건강의학과 의사 오은영 박사는 육아의 궁극적인 목표를 '아이를 독립시키는 것'이라고 강조한다. 비단 사춘기뿐만 아니라 아이와의 갈등 상황은 양육을 하는 동안 계속 발생한다. 그때 오은영 박사는 "몰라서, 잘못해서, 틀려서, 실수해서 문제가 생기기 때문에 끊임없이 알려주고 가르쳐야 하는데 다만 말로 잘 가르쳐야 한다."고 말한다.[22]

모든 부모가 홍역처럼 자녀의 사춘기를 치러야 하지만 아이를 끝까지 사랑하고 포기하지 않고 지켰으면 좋겠다. 아이가 몸과 마음이 모두 부모에게서 자립해 사회의 구성원으로 제 역할을 다하도록 돕는 것이 부모의 역할임을 다시 한번 기억하자.

상대에 대한
나의 진심 확인하기

아마 이 책을 고른 당신은 그동안 사람들에게 많은 상처를
받았을 것이며 여전히 많이 아프고 힘들 것이다. 그럼에도 한
줄기 희망을 가지고 힘겹게 이 책을 집어 들었다는 것을 알고
있다. 이제는 자기 자신에게 솔직해져야 할 시간이다.

지금까지 우리는 왜 우리의 말이 제자리걸음이었는지, 그
동안 해 왔던 나의 말과 소통 방식이 어디에서 비롯되었는지,
앞으로 어떻게 말하고 소통해야 하는지 한 걸음 한 걸음 올바
른 소통으로 향하는 발걸음을 내딛었다.

그런데 한편으론 억울한 마음이 들지도 모른다. 당신을 힘
들고 괴롭게 한 그 상황들을 왜 혼자서만 좋은 방향으로 바꾸

려고 노력하는지 억울하고 속상할 것이다. 갈등의 원인을 나는 상대에게, 상대는 나에게, 서로의 탓으로 돌리며 관계가 틀어진 것은 모두의 잘못인데 말이다. 하지만 당신이 진정으로 원하는 것이 관계를 단절시키는 게 아닐 것이다. 그렇다면 이 책을 집어 들지도 않았을 것이다.

이 책의 마지막 장을 덮는 순간 당신은 용기를 내어 큰 결심을 해야 한다. 질끈 눈을 감고 한 번 더 노력해 보기로. 그 전에 상대에 대한 당신의 진심을 확인해 보자. 그러면 그 관계를 어떻게 만들어야 할지, 답답했던 마음의 안개가 한 꺼풀 걷힐 것이다.

특정한 한 사람을 떠올리며 작성해 봅니다.
그 사람과 관계를 개선하고 싶은 이유와 정리하고 싶은 이유
다섯 가지를 솔직하게 적어 봅니다.

● 관계를 개선하고 싶은 이유

1 _____

2 _____

3 _____

4 _____

5 _____

● 관계를 정리하고 싶은 이유

1 _____

2 _____

3 _____

4 _____

5 _____

관계를 개선하고 싶다면 앞으로 내가 노력할 점과
상대가 노력해 줬으면 하는 점을 다섯 가지 적어 봅니다.

● 내가 노력할 점

1 _____

2 _____

3 _____

4 _____

5 _____

● 상대가 노력해 줬으면 하는 점

1 _____

2 _____

3 _____

4 _____

5 _____

책을 끝까지 읽고, 상대를 향한 나의 마음도 확인했다면
앞으로의 나의 다짐을 간략히 적어 봅니다.

1. 관계를 개선하고 싶은 이유가 더 명확한 경우 나의 다짐

2. 관계를 정리하고 싶은 이유가 더 명확한 경우 나의 다짐

성격
유형별

부
록

말하기
훈련 대본

성격 유형별
말하기 훈련

　　앞서 에고그램 진단(106쪽)을 통해 자신의 성격을 객관적으로 파악할 수 있었을 것이다. 에고그램은 교류분석을 창안한 에릭 번의 수제자이자 미국의 심리학자 존 듀세이가 개발한 성격진단법이다. 이것은 PAC 자아상태에 따른 다섯 가지 성격이 방출하는 심적 에너지의 크기를 그래프로 나타낸 것이다. 존 듀세이는 '자신이 높이고 싶은 기능적 자아상태를 높이는 것이 에고그램을 변화시키는 최상의 방법'이라고 말했다. 자신의 에고그램 진단 결과(111쪽)를 통해 'Strong Point'와 'Weak Point'를 확인했다면 이제 가장 낮은 자아상태를 활성화시키기 위한 '말하기 훈련'을 실천해 보자.

　　그리스어로 '가면'이라는 뜻의 페르소나Persona는 영화에서 감독의 영화 세계를 대변할 수 있는 배역을 의미하는 것으로 배우가 일종의 역할극을 한다. 고대 그리스 가면극에서 배우들이 가면을 썼다가 벗었다가 하며 연기하듯이 스크립트에 등장하는 배역에 몰입하여 생생하게 훈련해 보자. 각각의 스크립트에 담긴 배역 연습을 통해 그동안 활성화되지 않았던 나의 모습을 발전시킨다면 배우들이 수많은 리허설Rehearsal을 거쳐 실제 무대에서 완벽한 연기를 선보이는 것처럼 당신도 다양한 커뮤니케이션 실전 상황에 맞는 적합 자아상태로 상대와 유연하게 소통할 수 있을 것이다. 휴대폰 카메라로 촬영한 뒤 모니터링을 하면서 비언어(표정, 눈빛 등)와 준언어(목소리, 말투, 어조 등)도 같이 확인하면 더욱 좋다.

통제적인 부모자아(CP)를
높이는 말하기

좋지 않은 행동, 규율에 어긋난 태도에 주의를 주거나 비판적 논평과 타인의 평가를 확실히 하는 말하기 훈련을 통해서 통제적인 부모자아(CP)를 활성화시킬 수 있다. 이러한 역할을 담당하는 토론의 사회자나 단호한 통솔자 등이 되어 아래 스크립트를 연습해 보자. 이때 단호한 말투와 근엄한 표정을 지으며 말한다면 큰 효과를 볼 수 있다.

직장에서 동료와 후배를 비난하는 뒷말을 하거나 자신의 업무를 다른 사람에게 떠넘기는 부하 직원의 행동을 단호하게 꾸짖어야 할 때는 팀의 리더로서 엄격한 자세를 취해야 한다. 과도한 업무를 무리하게 요구하는 상황에서도 강력한 의사 표현이 필요하다. 단, 지나치게 엄격하거나 무조건 명령하는 태도로 말하는 것은 지양해야 한다.

안녕하십니까?
오늘 토론의 사회를 맡은
사회자 ○○○입니다.
이번 토론회는 '사형제도를 폐지해야 하는가?'에 대한 주제로
진행됩니다.

지금부터 토론의 규칙을 말씀드리겠습니다.
토론자 한 사람에게 주어지는 발언 시간은 1분씩 드리겠습니다.
주어진 시간은 꼭 준수하시고,
토론자들께서는 반드시 발언권을 얻으신 다음에
말씀을 해 주시기 바랍니다.

한 분씩 발언을 하신 뒤에는
상대 진영의 한 사람을 지정해서 질문하실 수 있습니다.

가급적 제한된 시간을 넘기지 않도록 하시고

만약 시간 내에 발언을 끝내지 못하시면

형평성을 위해 제가 개입해서 중단하도록 하겠습니다.

상대에 대한 욕설이나 비방, 인신공격 등은 금지된다는 점

기억해 주시고 주제에 맞지 않는 말은 삼가시기 바랍니다.

논지에 벗어나거나 부적절한 발언을 하실 경우,

말씀 중간에라도 제가 중재하겠습니다.

그럼, 본격적으로 '사형제도 폐지 논란'에 대해 토론을

시작하겠습니다. 먼저 찬성 측이 1분간 주장을 펼치겠습니다.

지금부터 시작해 주십시오.

02

A 씨, 요새 B에 대해서 무슨 말을 하고 다니는 거야?
뒤에서 몰래 험담하고 다니면 안 되지!

팀 리더로서 이건 내가 나서야 하는 일이라
이 부분은 A 씨에게 확실히 이야기를 하고 넘어가야겠어.
두 사람 사이에 무슨 일이 있었는지는 모르겠는데
공과 사는 구분해야지.
이러면 부서 전체 분위기가 안 좋아지는 거 몰라?
다신 이런 일 없도록 주의합시다.

또 한 번 이런 일이 발생하면
회사 차원에서 조치가 취해질 거니 조심합시다.

● **말하기 TIP**
상대의 인격이 아닌 행동에 대해서만 말한다.
단, 과도하게 엄격하거나 명령하는 태도는 피한다.

03

팀장님, 제가 현재 진행하는 프로젝트와 신규 프로젝트를
동시에 소화하기는 현실적으로 어렵다고 생각합니다.
게다가 신규 프로젝트는 제 담당 업무도 아니고,
지금 수행하고 있는 일들도 마감에 쫓기는데요.

팀장님이 보시기에도 지금 제 상황에서 둘 다 맡는 건
무리라는 것 아시지 않습니까?

만약 제가 꼭 맡아야 한다면
마감 시한 조정과 인력 충원을 해 주십시오.
이렇게 안 하면, 일은 일대로 하는데 둘 다 성과가 안 날 것 같아서
확실하게 말씀을 드리는 겁니다.

● **말하기 TIP**
설득이 필요한 부분에서 확실하게 의사 표현을 한다.
단, 지나치게 독선적인 태도는 지양해야 한다.

조용! 누가 밖에서 이렇게 소리를 질러?

여기 우리만 있는 거 아니지?

그렇게 소리 지르면 다른 사람에게 피해를 주는 거야.

아빠(엄마)가 공공장소에서는 남한테 피해 주면 안 된다고 했지.

다른 사람과 함께 있는 장소에서는 서로 예의를 지키는 거야.

그만! 여기까지. 이건 아니야.

밖에서 이렇게 행동하는 건 잘못된 거야.

뭐가 불편한 건지 아빠(엄마)한테 말해 줄 수 있어?

그래. 다음부터는 소리 지르지 말고 얘기해 줘.

● **말하기 TIP**

마땅히 지켜야 할 도덕과 규범을 제대로 알려 준다.

단, 언성을 크게 높이거나 심하게 훈계하지 않는다.

양육적인 부모자아(NP)를
높이는 말하기

상대의 입장을 배려하는 공감의 말, 따뜻하고 다정한 말, 위로와 격려의 말을 훈련함으로써 양육적인 부모자아(NP)를 활성화시킬 수 있다. 따뜻한 위로와 용기를 불러일으키는 아래 스크립트를 내레이터가 되어 연습해 보자. 이때 나즈막한 목소리와 부드러운 표정을 지으며 말해 보자. 따뜻한 말 한마디는 사람을 살리고 동기 부여 시킨다.

출렁이는 바다에 어김없이 아침이 찾아왔습니다.
새벽 어둠이 가시기 무섭게 활기를 띄는 항구.
요즘 거진항은 제철 맞은 도루묵으로 가득합니다.

원준이의 아침은 어느 누구보다 바삐 돌아가는데요.

어촌 일이 그렇 듯,
배를 타고 나가서 일을 하는 사람도
항구에서 일을 하는 사람도
힘들긴 매한가지.

젊은 청년이 하기에도 결코 쉬운 일이 아니지만
집에 보탬이 된다는 걸 알기에 잠시도 게을리 할 수 없습니다.

올 해 나이 스물.
원준이는 지금 온 몸으로 가장의 무게를 견뎌 내는 중입니다.

자신에게 주어진 삶의 무게에 주저앉기보다는

그 무게를 딛고 당당히 일어서고픈 청년…….

(잠시 포즈)

스무 살 원준이의 겨울은

여느 해보다 더 뜨겁고 더 치열합니다.[23]

● 말하기 TIP

이야기의 주인공이 처한 상황을 느껴 본다.

06

국립발레단 최태지 단장님의 초대로
가족나들이에 나선 혜윤이네.

혜윤이가 보고 싶어 했던 발레리나 김주원 씨.
대공연장도 처음 봤다.
늘 인터넷으로만 보던 발레리나 김지영 씨도 직접 볼 수 있게 됐다.

지금 이 순간 혜윤이는 꿈을 꾼다.

누군가는 불가능하다고도 했고
누군가는 코웃음을 치기도 했던
다운증후군 소녀 혜윤이의 꿈.

하지만 꿈조차 꾸지 않는 사람은 결코 이룰 수 없다.
꿈은 꿈을 꾸는 사람만이 이룰 수 있는
고귀한 특권이자 선물이 아닐까.

혜윤이는 꿈을 꾼다.

무대 위를 비상하는 발레리나 김혜윤…….

그 꿈의 무대를 향해 오늘도 힘차게 날아 오른다. [24]

● **말하기 TIP**
이야기의 주인공이 처한 상황을 느껴 본다.

피드백을 할 때 제 역할은 티칭Teaching, 코칭Coaching,

어드바이징Advising 이렇게 세 가지였습니다.

그런데 재택근무 장기화로 이를 제대로 할 수 없어

답답했고 걱정이 되었습니다.

직원들이 직무 레벨에 따라 다음 단계로 성장하기 위한 정량,

정성적 역량을 다듬을 기회를 놓친다고 봤기 때문입니다.

당장은 재택근무로 몸과 마음이 편할 수 있지만

리더의 코칭과 피드백을 통한 성장 기회를 얻지 못해

장기적으로는 기회비용을 잃을 수 있다고 생각했습니다.

그렇다고 손 놓고 있을 수는 없었고

지금 내가 할 수 있는 일을 찾아야 했습니다.

많은 사람이 '디지털 리더십'이 필요하다고 말하는 이때,

정답을 정확히 알지는 못하지만 구성원의 소속감과 성취감이

느슨해지지 않게 하는 방법을 시도하고 있습니다.

먼저 메신저로 각 직원에게 세심하게 명확한 피드백을 전하면서
개선 방향에 대한 코칭을 했습니다.
잘하고 있는 것에 대한 인정과 고마움의 표현도
평소보다 더 자주 했습니다.

과거에는 피드백을 전하기만 했다면
지금은 직원들의 생각을 먼저 물어봅니다.
그리고 그들의 이야기를 토대로 제 생각을 전합니다.
당장 내가 할 수 있는 일을 찾은 것입니다.

● **말하기 TIP**
구성원에 대한 걱정과 고마움을 느껴 본다.

08

다정하게 격려하며 말하기

(머리를 쓰다듬어 주며) 그래, 그래, 잘했어~

엄마(아빠)가 조금 도와줄까?

조급해하지 않아도 돼. 천천히 해.

오케이, 끝났다! 이제 혼자서도 잘할 수 있겠네.

언제 이렇게 큰 거야 우리 딸~ 다 컸네~

앞으로 스스로 할 수 있겠어? 괜찮겠어?

(엄지손가락을 치켜세우며) 역시 우리 딸이야.

엄마는 항상 우리 딸 믿어~

엄마 딸이라서 고마워~

이리 와, 내 새끼. 아휴 예뻐라~

● **말하기 TIP**
칭찬과 다정한 말 등 긍정적 스트로크를 많이 해준다.

이성적인 어른자아(A)를
높이는 말하기

합리적이고 이성적으로 생각하고 행동할 수 있는 사실 중심의 말하기 훈련을 통해서 어른자아(A)를 활성화시킬 수 있다. 객관적인 사실과 정보를 전달하는 아나운서, 사회자가 되어 아래 스크립트를 연습해 보자. 신뢰감을 주는 톤과 명료한 발음으로 말해 보자. 정확한 업무 공지와 팀 내 정보 공유는 직장 커뮤니케이션에서도 중요하다.

30도가 넘는 폭염이 연일 전국적으로 계속되면서
전력 수급에 비상이 걸렸습니다.

지난 27일 오후 6시 전국 최대 전력 사용량은 91,141메가와트로
올 여름 일별 전력 수급 중 최고치를 기록했습니다.

폭염으로 인한 열섬현상이 발생해
냉방기 사용이 급증하고 있으며
코로나19 경기회복에 따른 산업 생산량이
증가하고 있습니다.
특히 코로나19로 인한 재택근무나 자가격리 등
집에 머무는 시간이 길어지면서
가정용 전력 사용량도 크게 늘어난 것으로 분석됩니다.

올해는 7월에 이어 8월도 기록적인 폭염이 예고되면서
전력 예비율에 대한 우려가 나오고 있습니다.

7월 초 전국 평균 20퍼센트였던 예비율이
지난 27일 10.5퍼센트까지 하락하면서
안정적인 전력공급이 가능한 두 자릿수 유지는
확신하기 어려워졌습니다.

전력 수급 경보는
7,700만킬로와트 정도의 총 전력공급력 중
전력예비력이 450만킬로와트 미만일 때 '준비',
400만킬로와트 미만일 때 '관심', 그리고 100만킬로와트 단위로
'주의' '경계' '심각'의 단계로 올라갑니다.

만일 전력 예비율이 5퍼센트 이하로 급감하면
'심각' 단계를 넘어서 비상체제에 돌입하며
전국적 또는 부분적 정전 사태인 '블랙 아웃Black-out'이
현실화됩니다.

이에 정부는 올여름 폭염과 산업생산증가 영향으로 전력수요가
사상 최고치를 경신할 수 있다고 보고 전력 수급의 안정성을
확보하기 위해 총력을 기울이고 있습니다.

● 말하기 TIP
숫자는 분명하게 발음하고 핵심 내용을
정확히 인지하여 말한다.

지금부터 〈경기문화창조허브 데모데이〉 행사를 시작하겠습니다.
안녕하세요. 오늘 사회를 맡은 ○○○입니다.

먼저 오늘 행사를 소개해드리겠습니다.

경기도콘텐츠진흥원이 주관한 이번 행사는
경기문화창조허브 지원기업 중 우수 기업을 선발하여
피칭Pitching 발표를 통해 VC Venture Capital(벤처캐피털),
AC Accerlerator(액셀러레이터)에게 홍보와 투자유치 기회를
제공하는 자리입니다.

우수 기업에게는 IR컨설팅과 기업홍보 부스가 지원되고
VC, AC와의 교류를 통해 시장에서 성공기업으로
성장할 수 있는 시간이 될 텐데요.
오늘 순서로는 12개사의 혁신적인 아이디어를 각 7분 동안
IR피칭하는 '로켓피치'를 시작으로, 관심 분야별과 투자의향으로

나누어 그룹을 지정해 운영되는 그룹 네트워킹
'스타트업 클라우드' 순으로 행사가 진행됩니다.

그럼 지금부터 12개사의 혁신적인 아이디어를 선보이고
잠재력과 투자성, 시장성을 검증하는 IR피칭이 있겠습니다.
각 참가자에게는 제한된 7분의 시간이 주어집니다.

(참가자 IR피칭)

총 12개사의 IR피칭이 모두 끝났습니다.
오늘 선보인 아이디어들이 내년에 어떻게 실현되고 발전할지
기대가 되는데요.
투자유치까지 성공적으로 이어지길 바라겠습니다.

이어서 그룹네트워킹 '스타트업 클라우드'는
주최 측에서 진행해주시겠습니다.
그럼 저는 여기서 인사드리겠습니다. 감사합니다.

● 말하기 TIP
의미 단위로 끊어 읽기를 하고 핵심 내용을
정확히 인지하여 말한다.

구체적으로 말하기

우리 팀이 이번에 신사업 관련 프로젝트를 맡게 됐습니다.
비슷한 프로젝트 경험이 있는 A 씨가 중심이 돼서
일을 진행해 봅시다.
매주 월요일 아침 회의에서 나온 의견들은
앞으로 A 씨가 그 주 수요일 오전까지 나에게 서면 보고를 하세요.

회사 확장을 위해서 이번에 신사업을 추진하는 것이니
가장 중요한 것은 우리가 들어가려는 시장 조사를
철저히 하는 것입니다.

B 씨가 국내시장 1위부터 5위까지 조사를 하고
시장 조사할 때 각 기업의 매출 규모와 시장 점유율Market share,
차별점에 중점을 두세요.

이번 프로젝트는 신사업 시장 점유율 2위를 목표로 합니다.

● **말하기 TIP**
특정인, 특정 내용 등 주요 사항을 강조하며 말한다.

만나서 반갑습니다.

(과거) 사실 이 모임은 K 씨(○○엄마) 소개로 알게 되어

오게 됐는데요.

제가 낯을 좀 가리는 성격이라서

모임에 오기 전까지도 갈까 말까 굉장히 고민을 많이 했어요.

(현재) 그런데 오늘 여기에 잘 왔다는 생각이 듭니다.

처음에 모임장이 먼저 반갑게 인사해주셔서 긴장이 좀 풀어졌고

다른 분들(엄마들)하고 다 같이 책을 읽고 느낀 점을 나누니까

제가 생각하지 못했던 부분들까지 더 알게 돼서 도움이 됐어요.

(미래) 그래서 앞으로도 빠지지 않고

계속 열심히 모임에 나오도록 하겠습니다.

잘 부탁드립니다. 감사합니다.

● **말하기 TIP**
과현미(과거-현재-미래) 구조로 정리하여
말한다. **25**

자유로운 아이자아(FC)를
높이는 말하기

자신이 느끼는 대로 솔직하게 감정을 표현하는 말하기 훈련을 통해서 자유로운 아이자아(FC, 솔직이)를 활성화시킬 수 있다. 현장에서 느끼는 감정과 분위기를 전이시키는 스포츠 캐스터가 되어 보기도 하고, 센스를 발휘해 유쾌하게 말하는 연습을 해 보자. 이때 큰 목소리와 밝은 표정, 그리고 적극적인 제스처를 사용한다면 낮은 아이자아(FC)를 더욱 높일 수 있다. 동심으로 돌아가 가벼운 장난이나 놀이를 즐긴다든지 자신도 즐겁고 다른 사람도 즐겁게 해 줄 수 있는 유머 감각을 키우는 것도 도움이 된다.

스포츠 뉴스입니다.

전 NBA 스타 샤킬 오닐이 프로레슬러로 깜짝 변신했습니다.

지난 3일, 미국 플로리다 주에서 열린 AEW 혼성 태그팀 매치에

출전했는데요.

괴물센터로 불리던 샤킬 오닐의 괴력이 레슬링 무대에서도

유감없이 발휘됐습니다.

오닐은 링 위에서 파워 넘치는 플레이로

팬들의 눈을 즐겁게 했는데요.

상대 로즈의 점프 공격에 오닐이 링 아래로 떨어지는 장면은

가히 압권이었습니다.

두 선수가 탁자 위로 떨어지면서 탁자가 산산조각이 났는데요.

2미터 16센티미터 거구에서 뿜어져 나오는 화끈한 플레이를

지금부터 확인해 보시죠!

● **말하기 TIP**

말에 리듬감을 주며 생생하게 말한다.

대한민국이 먼저 쏩니다.

첫 번째는 김우진 선수.

10점! 출발이 좋습니다!

두 번째 화살은 김제덕 선수.

9점! 10점에 가까운 9점을 쐈습니다.

대표팀의 맏형 오진혁. 10점!

역시 든든하게 중심을 잡아줍니다.

10점, 9점, 10점

도합 29점을 만들어 낸 대한민국.

금메달~! 대한민국~!

한 세트도 내주지 않고 금메달을 따냅니다!

2020도쿄올림픽 남자 양궁 단체전에서
끝내 한국 대표팀이 금메달을 목에 걸었습니다!

대한민국 남자 양궁 대표팀은
26일 일본 도쿄의 유메노시마 양궁장에서 열린 대만과의
결승전에서 세트스코어 6대 0으로 승리했습니다.
2016년 리우 대회에 이어 남자 단체전 올림픽 2연패인데요.

여자 양궁 단체전에 이어 남자 양궁 단체전도
금메달을 획득하면서 안산 선수와 김제덕 선수는
2020도쿄올림픽 2관왕을 기록했습니다.

● 말하기 TIP
들뜬 목소리로 밝고 힘 있게 말한다.

15

가족이나 지인의 이름, 사물 이름 등을 제시어로
삼행시, N행시를 해보거나 라임(rhyme, 일정한 자리에 운율을 맞추
는 것)을 넣어 말해 본다.

엄 엄청 예쁘구나!

정 정말 예뻐!

화 화장발이구나!

이 이번 달까지 꼭 갚을게요!

상 상황이 좋지 않아서요

민 민사 소송까지는..

박 박식하기 그지없고

명 명석한 두뇌를 가진

수 수재요!

F Fine

T Thank you

A And you?

FTA (Free Trade Agreement, 자유무역협정)

노래는 이무**진**

차는 리무**진**

표정은 야무**진**

나는 무궁무**진**

> **● 말하기 TIP**
> 비틀기, 반전, 비유 등을 이용해
> 짧지만 재미 있게 말한다.

○○아, 욕조에 물 받아 놨으니까 이제 들어 와~

앗, 차가워. 앗, 차가워.

(아이가 물을 튀기며 장난을 친다)

엄마(아빠)도 그럼 물 뿌린다. 얏.

앗, 차가워. 앗, 차가워. 너~

자, 이제 비누칠 해 볼까?

팔 올리고~ 다리 들고~ 이제 앞에 보고~ 등 돌리고~

샤워기로 씻어 낸다~! 쏴악~!

와~~ 이게 누구야? 깨끗해졌네~!

됐다~! 이제 욕조에서 나오고 세면대에서 양치 좀 할까?

칫솔에 쭈우우욱~ 치약 묻히고

치카치카~ 치카치카~ 치카치카~

쓰읍~ 개운하다!

● **말하기 TIP**

의성어, 감탄사를 살리며 말한다.

순응하는 아이자아(AC)를
높이는 말하기

주변 상황을 살피면서 적절하게 주도적으로 의사 표현하는 말하기 훈련을 통해서 순응하는 아이자아(AC)를 활성화시킬 수 있다. 상대와 호흡을 맞추면서 대화를 이끌어 가는 인터뷰어가 되어 아래 스크립트를 연습해 보자. 적당히 자신을 억제하며 말한다면 낮은 자아상태를 더욱 높일 수 있다. 상대에게 질문하고 상대의 대답과 반응을 미리 생각해 보는 것, 상대가 대답할 때 고개를 끄덕이며 경청하고 수긍하는 것 이것이 독단적이지 않고 상대에게 적응하고 맞춰가는 하나의 방법이다.

A: 자세가 반듯하고 차분하게 말하는 분이다.

B: 싱글벙글 웃는 얼굴에 분위기 메이커다.

C: 지각하면 즉시 혼내고 규율에 엄격한 코치다.

세 사람의 게스트(A, B, C) 성격을 참고하여 그들의 대답을

예상해 보고 분위기를 살피며 그에 따른 적절한 말을 건네 본다.

게스트의 예상 대답(1)과 나의 멘트(2)를 미리 작성해 둔다.

'인생은 60부터'라는 말이 있죠.

오늘은 제2의 인생을 건강하고 활기차게 보내는

3명의 게스트를 모셨습니다.

한 분 한 분 인터뷰를 하면서 이야기를 들어 보겠습니다.

A: 안녕하세요. 실례지만, 연세가 어떻게 되세요?

B: (1) 올해로 76세에요.

A: (2) 어머, 67세가 아니시고요?.

A: 운동을 시작하신 지는 얼마나 되셨나요?

운동하고 난 후에 달라진 점이 있다면요?

B: (1) _____

A: (2) _____

A: 안녕하세요? 아까 보니까 운동을 열심히 따라하시던데 어렵지
   는 않으세요?

C: (1) _____

A: (2) _____

A: 운동이 재밌으세요? 어떤 점이 가장 재밌나요?

C: (1) _____

A: (2) _____

A: 혹시 운동 외에 본인만의 특별한 건강관리법이 있으신가요?

C: (1) _____

A: (2) _____

A: 코치님, 안녕하세요. 제가 오늘 여기서 나이는 숫자에 불과하다
   는 말을 실감했습니다. 참여하신 분 중에 가장 최고령은 연세가
   어떻게 되나요?

D: (1) _____

A: (2) _____

A: 아무래도 어르신들을 대상으로 하는 거라 특별히 신경을 쓰는 부분이 있을 것 같아요. 코칭을 하시면서 무엇에 주안점을 두시나요?

D: (1) _____

A: (2) _____

A: 마지막으로 어르신들의 건강한 노후를 위해 한 말씀 부탁드릴게요.

D: (1) _____

●말하기 TIP
상대의 기분을 상하게 하거나 매너에 어긋난 말을 하지는 않았는지 주변 분위기를 살피며 말한다.

18

가족
인터뷰하기

가족 중 한 사람을 정해 질문을 한다. 상대의 대답을 예상해 보고 그 대답에 어울리는 말을 한다. 상대의 예상 대답(1)과 나의 멘트 (2)를 미리 작성해 둔다.

여보, 이따가 저녁 먹고 잠깐 30분 정도 얘기할 수 있어?
○○의 교육문제에 대해서 당신하고 의논 좀 하고 싶어서.

A: 이번 겨울방학에 시간이 좀 있으니까 ○○이 학원을 하나 더 보내려고 하는데 당신 생각은 어때? 당신 얘기 듣고 결정을 하고 싶은데.

B: (1) _____

A: (2) _____

● 말하기 TIP
남편(가족)의 감정을 고려하지 않거나 부담을 주는 말을 하지는 않았는지 분위기를 살피며 말한다.

팀장님은 저에게 가만히 있지만 말고
뭐라도 의견을 내라고 하시는데, 솔직히 말씀드리면
팀장님이 화를 내시는 상황에서 제가 뭐라고
말씀을 드려야 할지 몰라서 머리가 하얘질 때가 있습니다.

저도 업무를 잘 해내고 싶고 팀에 기여하고 싶습니다.
그런데 지시하시는 내용을 제가 잘 이해하지 못했어도
되묻기가 어렵고 조심스럽습니다.

다음에는 제가 핵심 파악이 안 될 때
팀장님께 다시 여쭈어도 될까요?

● **말하기 TIP**
상대에게 순응하고 겸손한 자세로 말한다.

● 마음 상태를 활성화시키는 행동 ●

통제적 부모(CP)	양육적 부모(NP)	이성적인 어른(A)	자유로운 아이(FC)	순응하는 아이(AC)
약속과 규율을 지킨다.	어린이와 직원에게 상냥한 말을 건넨다.	감정 기복 없이 이야기한다.	예술에 심취하며 풍요로운 마음을 갖는다.	타인의 이야기에 귀를 기울인다.
주어진 업무는 확실히 해낸다.	'잘했구나' '괜찮다' 하며 격려한다.	계획을 잘 세워 실행한다.	대자연을 접해 본다.	상대방의 마음에 들도록 노력한다.
책임을 갖고 행동한다.	상대방 입장에서 생각해 준다.	확실한 예산을 세워 행동한다.	자질구레한 일에 구애받지 않는다.	적당히 자신을 억제한다.
목표를 갖는다.	상대방의 장점을 파악하려고 한다.	주관적이 아닌 객관적으로 생각한다.	사물에 대한 강한 호기심을 갖는다.	항상 주위 사람을 배려한다.
결정된 일은 완수한다.	용기를 북돋아 준다.	무엇이든 계획을 세워 행동한다.	생각을 하면 곧장 행동에 옮긴다.	타인의 눈을 신경 쓴다.
공사를 구분하며 행동한다.	어린이에게 스킨십을 해 준다.	가능성을 추정해 본다.	적극적으로 행동한다.	상대의 의견을 순수하게 들어 준다.
등을 꼿꼿이 편다.	관대한 애정으로 사람을 만난다.	사실에 따라 생각하는 습관을 갖는다.	마음 내키는 대로 하고 싶은 일을 한다.	풍파를 일으키는 일은 하지 않는다.
좋지 않은 행위에는 주의를 준다.	친절한 마음가짐으로 행동한다.	찬반 의견을 모두 묻는다.	태도, 감정을 그대로 나타낸다.	세부적인 일까지 신경을 쓴다.
가훈을 만든다.	상대방의 이야기를 친근감 있게 듣는다.	감정적으로 행동하지 않도록 한다.	명랑하고 대인관계를 원만하게 한다.	타인이 정한 사항에 따른다.
타인의 평가를 확실시한다.	타인에게 부탁을 받으면 기분 좋게 받아들인다.	5W1H 형식으로 묻는다.	언제나 생기발랄하게 있는다.	내심 불만이 있더라도 표면에 나타내지 않는다.
동작이나 행동을 시원스럽게 한다.	자녀와 타인을 잘 보살펴 준다.	사이를 두고 이야기한다.	자신의 의견을 적극적으로 피력한다.	주위를 의식하고 체면을 차린다.
옳고 그름을 명확히 한다.	사회봉사 활동에 앞장선다.	일의 형평성, 공평한 지를 따진다.	낙관적으로 생각하고 행동한다.	타인의 비위를 맞춘다.

한 사람의 열 걸음보다
열 사람의 한 걸음으로

"늘 저만 노력하는 것 같아서 억울하고 속상해요." 이런 답답한 마음을 호소하는 분들이 있다. 소통은 혼자 하는 것이 아니다. 따라서 혼자만 노력할 게 아니라 가족, 친구, 직장 상사, 동료가 함께 노력해야 한다. 한 사람만 계속해서 노력하면 지치기 마련이다. 한 사람의 열 걸음보다 열 사람의 한 걸음이 더욱 절실하다.

우리 모두 자신의 말과 행동이 어떤 자아상태에서 나오는지 스스로 알아차릴 수 있을 때 나의 말과 행동을 새롭게 선택하고 바꿀 수 있다. 나아가 상대의 어떠한 말과 행동에도 동요되지 않고 침착하게 대응할 수 있다. 자아상태는 나이와 무관하다고 했던 말을 기억하는가? 나이가 많다고 어른스러운 것도 아니고, 나이가 어리다고 다 애처럼 굴지도 않는다.

방송인 김성주의 아들 김민국은 한 악플러에게 받은 악성 메시지에 침착하게 대처해 화제가 되었다. 그는 올해 2월 SNS를 통해 팔로워들의 질문에 답하는 시간을 가졌다. 당시 그는 '왜 못 생겼어요? 왜 키가 작아요? 왜 콧구멍이 커요? 왜 머리가 길어요? 왜 입이 커요?'와 같은 악성 메시지에 "자신의 단점을 아는 샌드백은 그 어떤 타격도 아프지 않답니다."라며 의연하게 대응했다. '너나 잘하세요.' '한심한 인간아. 정신 차려.' '진짜 부모가 자식 안 가르친 게 티 난다.' '너 조용히 해, 입 다물어.'라며 부모까지 언급하는 도를 넘어선 메시지도 있었다. 성인도 참기 힘든 악플러의 험한 말에도 그는 침착하게 대응했다. 2013년 MBC 예능프로그램 〈일밤—아빠! 어디가?〉에 출연해 많은 사랑을 받았던 귀여운 꼬마 아이의 모습은 온데간데없었다. 고등학생임에도 불구하고 성숙하고 침착한 그의 말 한마디 한마디가 나는 놀라웠다.

최근에 제주도 여행을 하면서 맑은 날, 흐린 날, 비 오는 날 세 번의 다른 날씨를 경험했다. 그렇다면 맑은 날은 좋은 날씨이고, 비 오는 날은 나쁜 날씨일까? 비가 내리는 건 좋은 것도 아니고 나쁜 것도 아니다. 비를 좋아하거나 싫어하는 사람이 있을 뿐이다. 비가 내리는 건 자연 현상에 불과하다. 그리고 비가 오면 우산을 쓰면 된다. 이처럼 날씨를 대하듯이 우리가 맞닥뜨리는 상황이나 대상을 내 입장에서 판단하거나 왜곡하지 않고 있는 그대로 보며 그에 대한 대응을 잘하면 된다.

교류분석의 창시자 에릭 번과 함께 연구를 수행한 정신과 의사 토머스 해리스는 "전통적인 정신의학의 모호함과 복잡한 이론은 설명을 들어도 이해할 수가 없다."고 말했다. 하지만 "교류분석은 누구나 이해하기 쉬운 언어로 설명해 주기 때문에 전문가가 아니더라도 우리의 마음이 어떻게 움직이고 왜 그렇게 행동하는지 그 의미를 파악할 수 있다."고 이야기한다. 이것이 내가 처음 교류분석을 접하고 관심을 가지게 된 이유이다.

이 책에서 소개한 교류분석의 개념을 이해하고 그 방법에 맞춰 훈련하면 누구나 이전과 다르게 말하고 소통하는 것이 분명 가능한 일이기에 나는 그의 말에 깊이 공감한다. 사람들의 변화를 경험했고 직접 지켜봤기 때문에 이 책이 나올 수 있었다. "지금 나의 말과 행동은 어떤 자아상태에서 한 것일까?" "사실을 확인해 보지도 않고 부모자아상태에서 저 사람을 비난한 건가?" "나를 방어하려고 아이자아상태에서 억지를 부리고 있는 것인가?" 끊임없이 자기 자신에게 질문을 던져 보자. 그리고 상대가 내뱉는 말과 행동은 어떤 자아상태에서 한 것인지 생각해 보자.

이 책을 통해 나와 타인에 대한 이해를 높이고 내면의 마음을 들여다보면 변화가 생긴다. 나를 힘들게 한 상황이나 상대는 분명 예전과 똑같은 불편한 자극과 상황인데 그것을 받아들이는 내 마음과 관점, 그리고 말과 행동이 달라진다. 그러다 보면 차츰 상황도 좋아지고 상대도 달라지기 시작한다. 내가 어떤 말과 소통 방식을 선택하느냐에 따라, 그리고 상대의 말과 소통 방식에 내가 어떻게 대응하느냐에 따라 대화의 방향과 관계가 달라진다는 점을 꼭 기억했으면 좋겠다.

한 사람의 열 걸음으로는 역부족이다. 혼자만 노력해서는 결국 지치고 포기하게 된다. 부디 이 책이 많은 사람에게 널리 읽혀서 여러 사람의 한 걸음 한 걸음이 가정과 조직, 그리고 사회에 소통의 변화를 일으키는 큰 꿈을 소망해 본다. 더 나은 말과 소통을 위한 길잡이 역할을 해 주었으면 하는 바람이다.

주석	
1	김준형, '이노션 빅데이터 여가시간 쪼개쓰는 직장인 증가', 이투데이, 2019.12.19
2	《휴먼 네트워크》(매슈 O. 잭슨 저, 박선진 역 ┃ 바다출판사 ┃ 2021.02.26)
3	최수진, '연휴에도 업무카톡… 스트레스 시달리는 직자인들', 브릿지경제신문, 2017.10.02
4	《유대인의 한마디》(랍비 조셉 텔루슈킨 저, 현승혜 역 ┃ 청초사 ┃ 2013.08.12)
5	《E형 인간 성격의 재발견》(변광호 저 ┃ 불광출판사 ┃ 2017.09.30)
6	《마음의 해부학》(토머스 해리스 저, 조성숙 역 ┃ 21세기북스 ┃ 2008.05.29)
7	MBC 다큐스페셜 〈감독 봉준호〉편
8	김상훈, '요가, 살은 빼고 마음은 채우고', 동아사이언스, 2004.12.20
9	강석기, '[강석기의 과학카페] 호흡은 어떻게 감정을 조절할까', 동아사이언스, 2018.04.24
10	《요즘 팀장은 이렇게 일합니다》(백종화 저 ┃ 중앙북스 ┃ 2021.07.01)
11	김형태, '묘약과 독약을 오가는 인간의 목소리', 헬스조선, 2016.07.27
12	《어쩌다 우리 사이가 이렇게 됐을까》(일자 샌드 저, 이은경 역 ┃ 인플루엔셜 ┃ 2019.09.05)
13	《뇌과학 경계를 넘다》(신경인문학 연구회 저, 홍성욱, 장대익 엮음 ┃ 바다출판사 ┃ 2012.11.05)
14	《공감의 시대》(제러미 리프킨 저, 이경남 역 ┃ 민음사 ┃ 2010.10.10)

15	《빛나는 그대 에너지스타》(곽동근 저	비주얼토크북	2012.12.01)
16	《사과 솔루션》(아론 라자르 저, 윤창현 역	지안출판사	2009.10.12)
17	《진실한 사과는 우리를 춤추게 한다》(켄 블랜차드, 마가렛 맥브라이드 공저, 조천제 역	21세기북스	2004.12.06)
18	이재민, '설레는 택배 여기저기에 IT 기업들 손길 닿다', 테크월드뉴스, 2021.09.22
19	《탁월한 결정의 비밀》(조나 레러 저, 강미경 역	위즈덤하우스	2009.10.20)
20	《나이든 부모의 마음을 이해하는 대화 수업》(데이비드 솔리 저, 김미란 역	반니	2021.01.11)
21	최현지, '나이 든 부모와 어떻게 소통해야 할까', 여성신문, 2021.01.26
22	김지은, '오은영 박사의 육아 처방전', 서울문화사, 2021.05.27
23	KBS 1TV 〈동행〉 284회 '스무 살 가장 관이의 다짐'. 2020. 남희령 글
24	KBS 1TV 〈인간극장〉 '날아라 지윤아 5부'. 2010. 남희령 글
25	《아주 작은 성장의 힘》(임정민, 구자호, 전현미, 황상열, 이혜정, 김종민 공저	더로드	2021.01.19)

참고도서

《현대의 교류분석》
(Ian Stewart, Vann Joines 저, 제석봉, 최외선, 김갑숙 공역 | 학지사 | 2016.09.10)

《이기는 심리게임》
(울리히 데너, 레나테 데너 공저, 안성철 역 | 위즈덤하우스 | 2009.05.20)

《교류분석(TA)에 의한 청소년 인성개발 프로그램》
(우재현 저 | 정암미디어 | 1995.11.15)

《마음의 해부학》
(토머스 해리스 저, 조성숙 역 | 21세기북스 | 2005.05.29)

《말이 통해야 일이 통한다》
(박재연 저 | 비전과리더십 | 2016.04.11)

《반품하고 싶은 직원 리모델링하고 싶은 상사》
(함선희, 이명노, 공수정, 이은실, 심소연 공저 | 혜지원 | 2012.01.20)

참고 뉴스 사이트	나무위키 - 넷플릭스 (https://namu.wiki/w/%EB%84%B7%ED%94%8C%EB%A6%AD%EC%8A%A4) 이프지기, '초 개인화 시대의 도래', 이화여대 홍보학회, 2021.04.11 (https://blog.naver.com/ewha_epris/222306592087) 박재찬, '나도 모르는 내 취향까지 읽는다… 초개인화, 끝 어딘가', 국민일보, 2020.09.26 (http://news.kmib.co.kr/article/view.asp?arcid=0924157411&code=11151400) Gil Park, '[IT 트렌드 바로읽기] 추천 알고리즘과 초개인화', 모비인사이드, 2021.02.01 (https://www.mobiinside.co.kr/2021/02/01/algorithm-personalization/) 유인경, '기업 마케팅 성패 AI기반한 초개인화', 시사뉴스, 2020.01.06 (http://www.sisanewsn.co.kr/news/articleView.html?idxno=1786) 김준형, '이노션 빅데이터, 여가시간 쪼개쓰는 직장인 증가', 이투데이, 2019.12.19 (https://www.etoday.co.kr/news/view/1836041)
교류분석 관련 사이트	한국교류분석협회 http://ta.or.kr 한국교류분석상담학회 http://taca.kr 한국이고그램연구소 http://www.kkseg.or.kr 대구과학대학교평생교육원 https://life.tsu.ac.kr/html 기업강사들의공간 https://band.us/@ks1009

상처받지 않고 상처 주지 않는 소통의 기술
어른의 대화법

초판 1쇄 발행 2022년 1월 10일
초판 15쇄 발행 2024년 2월 23일

지은이 임정민

대표 장선희 **총괄** 이영철
책임편집 정시아 **기획편집** 현미나, 한이슬, 오향림
디자인 김효숙, 최아영 **외주디자인** 여만엽 **일러스트** 조재희
마케팅 최의범, 김현진, 이동희
경영관리 전선애

펴낸곳 서사원 **출판등록** 제2021-000194호
주소 서울시 마포구 성암로 330 DMC첨단산업센터 713호
전화 02-898-8778 **팩스** 02-6008-1673
이메일 cr@seosawon.com
네이버 포스트 post.naver.com/seosawon
페이스북 www.facebook.com/seosawon
인스타그램 www.instagram.com/seosawon

ⓒ 임정민, 2022

ISBN 979-11-6822-034-8 03180

서사원은 독자 여러분의 책에 관한 아이디어와 원고 투고를 설레는 마음으로 기다리고 있습니다.
책으로 엮기를 원하는 아이디어가 있는 분은 이메일 cr@seosawon.com으로 간단한 개요와 취지,
연락처 등을 보내주세요. 고민을 멈추고 실행해보세요. 꿈이 이루어집니다.